CARSTEN HENN
ALEXANDER KOHNEN

HENNS
WEINFÜHRER
AHR

GESCHICHTE | LAGEN | WEINE | REISETIPPS

emons:

Bibliografische Information der Deutschen Nationalbibliothek
Die Deutsche Nationalbibliothek verzeichnet diese Publikation
in der Deutschen Nationalbibliografie; detaillierte bibliografische
Daten sind im Internet über http://dnb.d-nb.de abrufbar.

Umschlaggestaltung: Weusthoff Noël, Hamburg (www.wnkd.de)
Umschlagabbildung: Blick auf den Ort Mayschoß, Ahrtal
© huber-images.de / Kornblum

© Hermann-Josef Emons Verlag
Alle Rechte vorbehalten
siehe Bildnachweis S. 213
Gestaltung: Weusthoff Noël, Hamburg (www.wnkd.de)
Produktion: GrafikMediaProduktionsmanagement, Köln
Druck und Bindung: Drukarnia Legra, Polen
3., aktualisierte, erweiterte, komplett durchgesehene und neu
gestaltete Auflage 2014

ISBN 978-3-95451-215-7

Unser Newsletter informiert Sie
regelmäßig über Neues von emons:
Kostenlos bestellen unter
www.emons-verlag.de

CARSTEN HENN
ALEXANDER KOHNEN

Für Wolfgang, Johann & Gerd –
sie fehlen nicht nur als Winzer, sie fehlen
vor allem als Menschen

Ein sehr persönliches Grußwort

Ich muss es frei bekennen: Ich liebe die Ahr. Also nicht den Fluss, den sehe ich eher selten. Nein, ich meine den Wein. Es hat einen guten Grund, warum ich die Ahr in meinen belletristischen Werken als meine »Weinheimat« bezeichne. Wein ist ein Getränk, das nicht nur wie kaum ein anderes den Boden und das Klima abbildet, in dem es gewachsen ist, sondern auch die Kultur. Die Ahr ist – auch wenn das Bild etwas schief ist – eine rheinische Gegend, und ich bin Rheinländer. Die Menschen, die den Ahrwein erzeugen, haben wenn nicht die gleiche, so doch eine ähnliche Lebensart und -einstellung. Wohl wissend, wie unzutreffend solche Verallgemeinerungen im Einzelfall sind, so ist der Rheinländer doch: unbekümmert, herzlich, klüngelnd, redselig (neudeutsch: kommunikativ), trickreich, manchmal auch ruppig-störrisch und auf jeden Fall genusssüchtig. Vielleicht schmeckt man das als Rheinländer ganz besonders heraus, aus den Weinen der Ahr. Drin ist es auf jeden Fall. Denn der Mensch ist ein unwahrscheinlich wichtiger, wahrscheinlich sogar der wichtigste Einfluss bei der Erzeugung eines so sensiblen Getränks wie Wein. Dabei ist der Einfluss des einzelnen Winzers natürlich viel bedeutsamer als die Wirkung kultureller Schwingungen. Um mir schon gleich im Vorwort zu widersprechen: »Der« Ahrrotwein ist, möchte man ihn auf einen einzigen Nenner bringen, vor allem samtig-elegant und rot. Das liegt am Spätburgunder, das liegt am Schiefer, das liegt am Klima. Und der Rheinländer, das darf ich als Betroffener sagen, ist überhaupt nicht samtig-elegant. Wunder Wein!

Im deutschen Weinbau des letzten Vierteljahrhunderts stellt die Ahr mit Sicherheit die Erfolgsgeschichte schlechthin dar. Das nördlichste Rotweingebiet Europas ist stets der Gefahr von Spät-, Früh- und auch strengen Winterfrösten ausgesetzt. Das klingt sibirisch, und es ist kein Wunder, dass kaum jemand dem Anbaugebiet eine solche qualitative wie auch preisliche Karriere vorausgesagt hat. Rebland ist heutzutage kaum noch zu bekommen, selbst Winzer mit wenig Fläche können aber gut von ihren Parzellen leben, denn ihr Wein verkauft sich. Zu ausnehmend guten Preisen. Mittlerweile stellt sich schon die Frage, ob die Preisspirale nicht überdreht wurde. Es muss festgehalten werden, dass die Ahr ein Hochpreisgebiet ist – aufgrund der vielen Steillagen und der Knappheit des Weines ist dies auch vollkommen verständlich. Allerdings werden die Preise manchmal zu weit ausgereizt. Mancher mag nur herauskitzeln wollen, was der Markt bereit ist zu zahlen, manch anderer mag sehen, was die Konkurrenz im Burgund oder besonders erfolgreiche Kollegen in Rheingau, Franken oder Baden verlangen, und es ihnen gleichtun wollen. Jedoch

Carsten Henn

läuft die Region damit Gefahr, als »Teuro-Weinregion« verschrien zu werden, was angesichts der Rotweine mit sehr gutem Preis-Genuss-Verhältnis an der Ahr eine Schande wäre. Ein wenig Bescheidenheit bei den Preisen täte also gut. Denn ist der Ruf erst ruiniert, lebt es sich leider nicht ungeniert, sondern es fordert unwahrscheinlich viel Arbeit, den ehemals guten Ruf wiederherzustellen.

Dieser Ahrweinführer will Hinweisschilder in der unübersichtlichen Weinwelt aufstellen, die zu den besten Winzern mit den besten Weinen aus den besten Lagen leiten. Dabei sollen die besonders empfehlenswerten Preis-Genuss-Wunder herausgestellt werden. Und da wahrer Genuss bekanntlich aus Wissen erwächst, fällt der Blick auch auf die wechselvolle Historie des Anbaugebiets und die faszinierende geologische Entstehungsgeschichte. Nicht alles davon lässt sich in jedem Schluck Ahrwein schmecken, aber manches eben manchmal doch. Das ist dann das wahre Wunder Wein.

Alexander Kohnen ist jemand, der genauso vom Wunder Wein begeistert ist wie ich, weshalb er auch der Gründer des »International Wine Institute« in Bad Neuenahr ist und den »Ahrwein des Jahres« initiiert hat. Er ist ein Motor für den Wein der Region. An der Neuausgabe dieses Weinführers hat er mitgearbeitet, da ihm der Ahrwein sehr am Herzen liegt.

Zum Wohle!

Inhalt

Die aktuellen Ergebnisse des »Ahrwein des Jahres« können Sie
mittels QR-Code auf S. 213 nachverfolgen.

Fakten, Fakten, Fakten

Geografie

Klein ist das Weinanbaugebiet der Ahr. Dennoch gehört es nicht zu den kleinsten Anbaugebieten in Deutschland. Vielmehr ist die Weinregion am nördlichen Rand von Rheinland-Pfalz als das größte zusammenhängende Rotweingebiet mit international höchsten Qualitätsstandards bekannt. Das Ahrtal und Württemberg sind die einzigen Regionen des Landes, in denen mehr Rot- als Weißwein erzeugt wird. Die touristische Reklame bewirbt das Rotweingebiet gern als das »Rotweinparadies« in Deutschland. Berechtigt ist dieser Ehrentitel allerdings erst seit Mitte der 1980er Jahre. Vor über drei Jahrzehnten wurde der Spätburgunder nämlich noch lieblich erzeugt und warm serviert. Heute sind die Spitzengewächse aus den bevorzugten Weinbergen charaktervoll und trocken hergestellt. Nicht verwunderlich ist, dass für die roten Spitzenweine der Region inzwischen selbstbewusste Preise verlangt werden und keiner der Winzer im Ahrtal den Vergleich zu den Nachbarn in Burgund scheut.

Durch die A 61 ist das Anbaugebiet im linksrheinischen Schiefergebirge verkehrstechnisch perfekt angebunden. 30 Kilometer von Bonn sowie 50 Kilometer von Köln und Koblenz entfernt, liegt es auch für den Weinabsatz strategisch klug.

Das Anbaugebiet Ahr erstreckt sich mit seinen insgesamt 562 ha. Weinbergen entlang des gleichnamigen Flusses auf 25 Kilometern Länge von Südwesten nach Nordosten. Die Hänge sind in 100 bis über 320 Metern Höhe vom Altenahrer Übigberg bis zum Heimersheimer Kapellenberg fast durchgängig mit Weinreben bestockt. Das Weingebiet wird im Nordosten vom Ahrgebirge begrenzt und liegt im Schutz der waldreichen Hocheifel, der bekannten »Grünen Hölle«. Die Weinberge bestehen überwiegend aus Tonschiefer, die in tieferen Lagen auch Löss und Lehm vorzeigen. Weininteressierte und Wanderer finden auch vulkanischen Ursprung, wie zum Beispiel Basalt-, Sandstein- und Grauwackeverwitterungsboden vor. In der Topografie unterscheidet sich das schroffe obere Ahrtal mit seinen Steilstlagen und Felsenterrassen erheblich von dem unteren Ahrtal. Ab Walporzheim öffnet sich das Tal mit überwiegend nährstoffreichen,

Ahr-Rotweinstraße

Das Weinbaugebiet Ahr ist verkehrstechnisch hervorragend erschlossen, sowohl für den Autoverkehr wie auch per Bahn (siehe S. 207). Seit 1978 führt die Ahr-Rotweinstraße als Tourismusroute durch das Anbaugebiet von Sinzig über Bad Neuenahr-Ahrweiler bis nach Altenahr. Alle elf Weinbaugemeinden werden auf dem Weg durchquert.

Die Ahr-Rotweinstraße beginnt an der Kreuzung B 9/B 266 (Sinziger Kreisel), geht dann über die B 266 nach Bad Neuenahr-Ahrweiler und weiter über die B 267 bis Altenahr. Wegweiser ist das Emblem des Kreises, es symbolisiert die Einbettung des »Tals der roten Traube« in die Landschaft zwischen Eifelhöhen und Rhein. In allen Weinbauorten – und häufig auch dazwischen – finden sich Parkplätze zum Halten.

Seit 2012 ist es auch möglich, die Ahr auf einer Wegstrecke von 110 km zu erwandern. Der anspruchsvolle Wanderweg namens AhrSteig beeindruckt neben der klugen Wegführung auch durch den Reichtum an Naturdenkmälern und Kulturschätzen. Erwandert werden können malerische Dörfer, ländliche Wiesenpfade, enge Felspfade, imposante Hochplateaus oder lebendige Weinorte. Tolle Ausblicke in das romantische Ahrtal, in die Eifel und in die Rheinebene bis zu den Höhen des Siebengebirges und sogar bis zum Kölner Dom zeichnen die Route aus. Der AhrSteig beginnt in Blankenheim an der Ahrquelle und endet bei Sinzig am Rhein.

Das Ahrtal – für Autofahrer perfekt erschlossen

flacheren löss- und tonreichen Hängen und den typischen Basaltkegeln, wie zum Beispiel die Heimersheimer Landskrone.

Zu 84 % wird an der Ahr Rotwein erzeugt. Blanc de Noirs und Weißweine werden zu zwölf % hergestellt und Roséweine zu vier %. Über 65 % aller vergorenen Moste sind trocken, 25 % halbtrocken und nur zehn % mild. Im Durchschnitt werden an der Ahr ca. 41.500 hl Wein erzeugt. Das entspricht nur 0,5 % des gesamten deutschen Mostertrages. Von den in der ersten Hälfte des 20. Jahrhunderts auf über 20 angestiegenen Winzergenossenschaften sind drei übrig geblieben. Sie erzeugen heute Spitzenqualitäten und nehmen die Ernte einer Rebfläche von 325 ha auf. Dies sind rund 57 % des gesamten Weinbaus an der Ahr. Mehr als 850 private Weinbauern bewirtschaften im Tal der roten Trauben 0,3 bis 0,6 ha Weinberge. Den heutigen guten Ruf verdankt das Ahrtal jedoch in erster Linie den trockenen Spät- und Frühburgundern der rund 50 selbstvermarktenden Winzer, welche die Qualitätsrevolution angestoßen haben.

Fröste erschweren den Ahrweinbau.

Klima

Der Klimawandel liegt nicht in ferner Zukunft, er findet bereits statt, und der Weinbau im Ahrtal ist ein großer Nutznießer der globalen Erwärmung. Heute reifen auch frankophile Rebsorten wie Cabernet Sauvignon und Merlot an der Ahr. Noch vor einigen Jahren galt der 51. Grad nördlicher Breite als die Grenze des Qualitätsweinbaus. Das Ahrtal liegt auf 50°30' nördlicher Breite – ebenso wie Teile von Sibirien. Früher spotteten versnobte Weintrinker, so nahe am Nordpol könne kein großer Wein wachsen.

Heute sagt das keiner mehr.

Wie auch in anderen nördlichen Weinbaugebieten macht man sich an der Ahr seit Jahrhunderten natürliche Besonderheiten zu Nutze. Durch die Lage am Südrand der Kölner Bucht mildert der Golfstrom das Klima. Im schroff eingeschnittenen Tal bilden sich sogar treibhausähnliche Kleinklimaräume, in denen der Wind abgeriegelt ist und die Sonne nicht nur die Luft erhitzt. Die dunklen Böden der ideal am Hang ausgerichteten Rebzeilen, aber auch die Weinbergsmauern und Felsen speichern ihre Wärme und geben sie nachts wieder an die Reben ab. Der Fluss schafft ebenfalls ein konstantes Klima – auch wenn er deutlich weniger wichtig ist als beispielsweise der Rhein für die ihm nahe stehenden Weinberge. Doch in den kühlen Sommernächten steigen, wie Gottfried Kinkel im 19. Jahrhundert berichtete, warme Nebel aus dem kleinen Flüsschen empor in die Rebhänge.

Die Winter an der Ahr sind mild (im Durchschnitt 2,5 Grad Celsius), aber Frühjahrsfröste gefährden regelmäßig die Trauben. Das Problem: Die kalte Luft liegt auf den unbewaldeten, mit Gras bewachsenen Höhenflächen. Kommt eine sternenklare, windschwache und eiskalte Nacht, wird die kalte Luft schwerer und

Weinbaufläche

Die Ahr ist Deutschlands viertkleinstes Weinbaugebiet. Nur Mittelrhein, Sachsen und die Hessische Bergstraße sind kleiner.

Weinbaufläche der Ahr:

1883	1087 Hektar
1910	914 Hektar
1925	606 Hektar
1977	508 Hektar
2005	538 Hektar
2010	545 Hektar
2012	559 Hektar

1 Hektar = 10.000 qm
(Zum Vergleich: 1 Fußballfeld = ca. 0,7 Hektar)

fließt regelrecht ins Tal, wo sie sich in Kaltluftseen sammelt – da reicht die kleine Ahr dann nicht mehr aus, um die Rebstöcke zu wärmen. Es gilt: Je tiefer der Weinberg liegt, desto frostgefährdeter ist er. Und auch die oberen Weinberge sind durch ihre Nähe zu den kalten Wäldern nicht als erstklassig zu bezeichnen. Winzer versuchen darum, möglichst viele Lagen in der »goldenen Mitte« zu besitzen.

Durch das Hohe Venn und die daran anschließenden Eifelerhebungen muss das Ahrtal keine kalten Winde fürchten. Hauptsächlich Westwinde ziehen durch das Tal, aber auch aus Ost weht es häufig. Aus Norden kommt der Wind nur im Frühjahr und im Herbst. Die Waldstreifen geben den darunter liegenden Weinbergen dabei idealen Windschutz. Das Ahrtal befindet sich zudem im Regenschatten der Höhenzüge und hat viele Sonnentage. Alles zusammen bewirkt »nahe am Nordpol« ein nahezu mediterranes Klima, das eine lange Vegetationsperiode für die sensible Spätburgundertraube ermöglicht. Den Abschluss bildet

Durchschnittliche Temperatur: 9,5 Grad Celsius
Jahresniederschlag: 675 Millimeter
Sonnenschein im Jahr: 1.475 Stunden

an der Ahr der warme Altweibersommer. Im Tal sagt man: »Die Trauben werden im August gekocht und im September gebraten«.

Die Rebsorten der Ahr

Ahr-Rebsortenspiegel

Spätburgunder	59 %
Portugieser	13 %
Riesling	8 %
Müller-Thurgau	4,5 %
Frühburgunder	5 %
Dornfelder	5 %
Domina	1,5 %
Sonstige	4 %

Zwei Rebsorten bestimmen den Großteil der Anbaufläche und des Images der Ahr: Spätburgunder und Frühburgunder. Ersterer gilt als edelste und launischste Rotweinrebe der Welt, Letzterer galt lange Jahre als lokale Spezialität. Die Zeiten, in denen sich fast ausschließlich Ahrwinzer einen Namen mit dieser Traube machten, sind jedoch seit einigen Jahren vorbei. Doch es gibt immer noch kein weiteres Anbaugebiet, das sich den Frühburgunder so sehr auf die Fahne geschrieben hat. Kaum ein Spitzenwinzer an der Ahr kommt ohne aus. Als dritte wichtige Rebsorte ist der edle Riesling zu nennen. Was die Menge angeht, positioniert sich die Weißweinrebe zwar deutlich hinter den beiden roten Herrschern des Tals, aber überregional hat schon so mancher edelsüße Ahr-Riesling für Aufsehen gesorgt. Doch es muss nicht immer Kaviar sein – auch andere Sorten bringen spannende Weine hervor. Es lohnt sich, experimentierfreudig zu verkosten.

Im Herbst beeindruckt das Farbspiel der Rebsorten.

Die wichtigsten
Rotweinsorten der Ahr

Dornfelder

Die von August Herold 1956 aus Helfensteiner (eine Kreuzung aus Frühburgunder und Trollinger) und Heroldrebe (eine Kreuzung aus Portugieser und Lemberger) gezüchtete Traube war ursprünglich als »Deckrotwein« gedacht. Sie sollte farbschwächeren Rotweinen in geringen Mengen zugefügt werden, damit diese dichter in ihrer Farbe wurden. Es stellte sich jedoch heraus, dass der Wein auch für sich allein seine Daseinsberechtigung hat. Mehr noch: In den 1990er Jahren gab es in Deutschland geradezu einen Dornfelder-Boom. Erfolgreich machte die Rebsorte ihr »südländischer Typ«, also neben der dunklen Farbe eine hohe Fruchtigkeit. Die Winzer pflanzten die Sorte gerne an, da sie im Anbau anspruchslos und ertragreich ist. Der Boom hatte zur Folge, dass auch viele schlechte Dornfelder auf den Markt kamen. Dünne, saure Tropfen mit Fehltönen. Der gute Ruf ist mittlerweile ruiniert, doch einige Winzer beweisen, was mit der Traube bei entsprechender Beachtung – Ertragsbeschränkung, perfekte Reife, Ausbau im kleinen französischen Holzfass (dem Barrique) – möglich ist. An der Ahr widmen sich verschiedene Güter der Aufgabe, hochwertigen Dornfelder zu erzeugen. Empfehlenswert sind besonders das Weingut J.J. Adeneuer mit den wohl ältesten Dornfelder-Rebstöcken des Tals und das Weingut Deutzerhof.

Portugieser

Diese Rebsorte stammt vermutlich tatsächlich aus Portugal – und nicht, wie lange vermutet, aus Österreich. Von alters her wird sie in Mittel- und Südeuropa angebaut, aber Deutschland hat die weltweit größte Anbaufläche. Der im Anbau unproblematische Portugieser weist tief eingeschnittene, ungleiche Blätter auf, die im

Reifezustand eine rotwolkige Färbung annehmen. Die pflaumen-
großen Trauben sind häufig von einem graublauen Hauch über-
zogen. Der wachsige Glanz der großen dunkelgrünen Blätter ist
ein besonderes Merkmal der Rebsorte. Der starkwüchsige Portugieser braucht keine Spitzenlagen und hat es gerne feucht an
den Füßen. Dazu ist er blütefest – er neigt also nicht zum »verrieseln« –, aber leider auch frostempfindlich (1955/56 erfroren
100 % aller Portugieser-Blüten an der Ahr). Portugieser-Weine
sind säure- und tanninarm und alles in allem eher einfach gestrickt. An Aromen bieten sie häufig Erdbeeren, grünen Pfeffer,
Gräser oder Muskatnuss. Als herausragende Portugieser-Exper-
ten an der Ahr gelten die Weingüter Deutzerhof und Brogsitter.

Spätburgunder/Pinot Noirs

Die vielleicht edelste Rotweinsorte
der Welt wurde im 7. Jahrhundert
von Mönchen aus Frankreich nach
Deutschland eingeführt. Mittlerweile hat sich herausgestellt, dass der
Spätburgunder fast in direkter Linie
von einer Wildrebe abstammt. Von
der beliebten Burgunderfamilie ist der
Pinot Noirs die älteste Rebsorte. Etwas früher reifend als der Riesling ist
er sehr frostempfindlich. Die Weine
sind weich und samtig mit hoher
Alterungsfähigkeit. Sie duften nach

roten Früchten, Bittermandel und Waldboden. Die Rebe braucht
tiefgründige Böden – in trockenen Jahren kann sie deshalb in
steinigen und flachgründigen Steillagen, die wenig Wasser halten
können, Probleme bekommen. Das bedeutet wenig Wuchs und
wenig Ertrag. Die launische Diva Spätburgunder ist auch sehr blü-
tewetterempfindlich. Bei nasskaltem Wetter kann sie »verrieseln«
(die Blüten fallen ab). Als Synonym für den Spätburgunder wurde an der Ahr lange der Begriff »Kaasten« verwendet – der auch
heute schöner wäre als so mancher gequält-pfiffige Cuvée-Name.
Der Begriff gründet auf die Eifeler Gemeinde Kaastenholz, wo der
Mutterstock an einer Hauswand Höchstleistungen erbrachte. Der
Rebstock war zudem frosthart (er kam ja aus der Eifel), sodass er
stark vermehrt wurde. Jedes Spitzenweingut an der Ahr hat einen
oder mehrere herausragende Spätburgunder im Angebot.

Frühburgunder

Diese Rebsorte ist eine Mutation des Spätburgunders. Das klingt nach einem Wein von Dr. Frankenstein, doch es handelt sich um eine natürliche, spontane Mutation, wie sie immer wieder vorkommt. Sie ist nicht nur beim Wein der Motor der Evolution. Als eigenständige Rebsorte ist der Frühburgunder erst seit den 1970er Jahren anerkannt, nachdem er im Jahrzehnt zuvor fast ausgestorben war. Jahrelang hatte er eigentlich nur in Württemberg, wo er als »Clevner« bekannt ist, und an der Ahr ein Zuhause. Dort stehen heute rund 30 der deutschlandweit 262 ha Frühburgunder, davon 35 ha an der Ahr. Mit dem Rotwein-Boom breitete er sich jedoch auch in geringem Maße auf andere heimische Weinanbaugebiete aus. Der Frühburgunder reift, wie sein Name schon sagt, früher als der Spätburgunder. Die aus ihm erzeugten Weine sind meist fruchtiger und in Bezug auf die Tannin- und Säurestruktur weicher als beim großen Bruder. Nur in wenigen Fällen ist der Frühburgunder eines Gutes regelmäßig besser als dessen Spätburgunder – zum Beispiel bei den Weingütern Lingen und Sermann-Kreuzberg. Als Spezialisten für den Frühburgunder gelten zudem die Betriebe Meyer-Näkel, Kreuzberg, Brogsitter und Nelles. Eigentlich schwören alle Winzer des Ahrtals darauf, den Frühburgunder in zweit- oder gar drittklassigen Lagen anzupflanzen (häufig in den Lagen des Ortes Bachem, der für seine Frühburgunder berühmt ist). Denn in Spitzenlagen reift die Sorte so früh, dass Wespenbefall und Vogelfraß zu erwarten sind. Nur das Weingut Nelles fällt aus der Reihe, hat seinen Frühburgunder in einer sehr guten Lage stehen und bereut dies auch nicht.

Slow Food Deutschland (www.slowfood.de) hat den Ahr-Frühburgunder in seine »Arche des Geschmacks« aufgenommen und somit als schützenswerte regionale Spezialität anerkannt. Diese Ehre wird nur erstklassigen Lebensmitteln zuteil, die in ihrem Bestand gefährdet sind.

Domina

Die nicht allzu glücklich getaufte Kreuzung aus Spätburgunder und Portugieser von Peter Morio entstand 1927 in der pfälzischen Forschungsanstalt Geilweilerhof. Einige Betriebe – nicht an der Ahr – hielten es für amüsant, sie mit appliziertem Lack und Leder zu verkaufen. Die Weine dieser Rebsorte sind allerdings überhaupt nichts für Masochisten, denn sie können sehr gut ausfallen – wie an der Ahr zum Beispiel beim Weingut Nelles. Die ertragsreiche Domina ist außerhalb des Ahrtals, in dem sie sich eine kleine Nische erobert hat, vor allem in Franken populär. Sie ergibt tiefdunkle Weine mit kräftig-fülliger Struktur und guter Säure. An

Duftnoten finden sich häufig feine Waldfruchtaromen, reife Süß-kirsche, Brombeere, Himbeere, aber auch Veilchen oder Rauch.

Die wichtigsten Weißweinsorten der Ahr

Grauburgunder (Ruländer/ Pinot Gris/Pinot Grigio)

Grau ist sicher keine der beliebtesten Farben, und eine Verbindung mit Wein scheint im ersten Augenblick nicht sehr attraktiv. Doch der Genie-ßer sollte sich nicht täuschen lassen. Der Name stammt daher, dass die Trauben im Reifestadium eine ins Grau spielende Rosafärbung aufwei-sen. Die Weine aus dieser Rebsorte können sehr beeindruckend sein, mit

viel Substanz und Körper bei milden Säurewerten. Im Aroma hat der Wein Anklänge von Bittermandeln, Kastanien, Datteln, manchmal auch von Spekulatiusgewürz oder Quitten.

Unter Ruländer wurde die Rebsorte lange Jahre geführt, weil sie vermutlich von einem Speyerer Kaufmann namens Ruland 1711 in Deutschland eingeführt wurde.

Der Grauburgunder ist anspruchsvoll, was die Lagen angeht. Sie müssen warm sein und ausreichende Wasserversorgung ge-währleisten. Grauburgundertrauben ähneln Kiefernzapfen (auf Französisch: *pin*).

Müller-Thurgau/Rivaner

Die Rebsorte hat ihren wenig eleganten Doppelnamen, da sie von Hermann Müller aus dem Thurgau 1882 gezüchtet wurde. Der Name Rivaner bürgerte sich seit den 1980er Jahren des letzten Jahrhunderts ein, da man glaubte, es handele sich um eine Kreuzung aus Riesling und Silvaner. Selbst der Züchter irrte in diesem Punkt, und heute weiß man es besser. Die Eltern hießen Riesling und Madeleine Royal. Die früh reifende Traube braucht – im Gegensatz zum Riesling – nährstoffreiche, also »fette« Böden. Im Aroma ist der Wein leicht blumig, manchmal mit einem Muskatton, der darauf hinweist, dass der Müller-Thurgau nicht voll ausgereift ist. Die ertragreiche Traube erbringt mild-ausgewogene Weine, ideale Schoppen für den Sommer. Keine großen Weine, aber im besten Sinne süffige.

Riesling

Die erste urkundliche Erwähnung des Rieslings in Deutschland stammt vom Anfang des 15. Jahrhunderts. Die eigentliche Herkunft der Traube ist unklar. Das Rheintal und die Wachau machen sich Hoffnungen auf den Status als Geburtsstätte. Der spät reifende Riesling lässt sich nicht auf jeden Boden setzen, er verlangt nach den besten Lagen. Kaum eine andere Rebsorte zeigt den Jahrgang so deutlich, keine spiegelt in Bouquet und Geschmack so den Boden, auf dem sie gewachsen ist. Die Rebe ist wenig trockenheitsempfindlich. Daher ist sie oft in feinerdearmen, trockenen Südlagen zu finden. Ein später Austrieb bewahrt sie vor Spätfrösten. Die Königin der Reben ist im Geschmack herzhaft-säurehaltig, das Aromenspektrum weist häufig Apfel, Pfirsich, Aprikose oder Zitrus auf. Mit der Reife, also der Lagerung, kommen Firnistöne hinzu, die an Petrol erinnern können. Vor allem Lagen der mittleren Ahr sind geeignet für den Riesling. Als absoluter Experte für diese Rebsorte gilt im Tal die Winzergenossenschaft Mayschoß-Altenahr, die den Großteil aller Rieslingweine des Tales erzeugt. Aber auch das Weingut Deutzerhof hat sich einen Namen mit seinen trockenen wie auch

edelsüßen Rieslingen gemacht. Im Kapitel »Henns Lieblingsweine« findet sich ein wunderbarer, trockener Riesling von Winzerlegende Werner Näkel.

Weißer Burgunder/Pinot Blanc

Ist der Grauburgunder eine Mutation des Spätburgunders, so ist der Weißburgunder eine Mutation des Grauburgunders. Und relativ jung noch dazu. Erst Ende des 19. Jahrhunderts wurde er im Burgund entdeckt. Der Weißburgunder erbringt körperreiche (also häufig hoch im Alkohol liegende), geschmeidige Weine, die wegen ihrer moderaten Säure als Essensbegleiter sehr geschätzt werden. Der Duft erinnert an Apfel, Mango, Birne, Quitte, Erdnuss, Minze oder Mandel. Weißburgunder verlangt Böden mit guter Wasserhaltekraft – auf Gesteinsböden erreicht er zu wenig Extrakt. Die Rebsorte ist nur durch die Traube von Spätburgunder und Weißburgunder zu unterscheiden.

Blanc de Noirs

Ein neuer Trend im Ahrweinbau, der von Weinrevolutionär Werner Näkel mit seiner »Illusion Nr. 1« initiiert wurde. »Blanc de Noirs« bedeutet wörtlich übersetzt: »Weißer aus schwarzen (Trauben)«. Ein solcher Wein ist zwar von weißer Farbe, wird aber ausschließlich aus roten Trauben gewonnen. Die Rotweintrauben werden direkt abgepresst, das heißt, es findet kein längerer Kontakt mit den Traubenhäuten statt, aus denen die roten Farbstoffe gelöst werden (Traubensaft an sich ist – bis auf wenige Ausnahmen – grundsätzlich hell). Diese Weinbereitungs-Methode hat es vor allem in der Champagne zu Berühmtheit gebracht: Der Mostabzug ist dort unter dem Namen »Saignée« bekannt. Ahrwinzer entziehen der Rotweinmaische bis zu 20 % Most. Der Rotwein wird dadurch farb- und gerbstoffintensiver, der entzogene Most wird zu »Blanc de Noirs« vergoren. Da die Ahrwinzer vorrangig ihren besten Trauben Saft entziehen, hat der so gewonnene »Blanc de Noirs« häufig hohe Qualität. Fast immer ist er deshalb der beste Weißwein eines Ahrgutes.

Das Weinetikett: Qualitäts- und Geschmacksstufen

Seit 2012 gelten in Deutschland infolge der europäischen Weinmarktordnung neue Bestimmungen, die einen Anbau von Reben, die Herstellung von Wein und die Etikettierung der Erzeugnisse betreffen. Mit der Reform möchte die Europäische Union die Wettbewerbsfähigkeit aller in der EU Wein produzierenden Länder fördern und vor Wein exportierenden Ländern weitestgehend schützen.

Um das schwierige Konstrukt zu verstehen, bedarf es eines Blickes in die Geschichte. 1855 wurden im Bordeaux-Gebiet die bis heute gültigen 5-stufigen Klassifikationen geschaffen, mit »Grand Cru Classé« als Spitze. Die großen Weinschlösser hatten damals mit ihrer Lobby diese für sie günstige Regelung durchgesetzt, um Konkurrenten vom Markt zu halten. Die Qualität wurde über die Herkunft und den Höchstertrag definiert. Im Grunde fußt darauf das neue Weinrecht in der Europäischen Union.

Der Grundgedanke des neuen EU-Rechts ist nun, die Qualitätseinteilungen stärker an die Herkunft sowie die Höchsterträge pro Hektar zu binden. Ohnehin war die in Deutschland übliche enge Verknüpfung von Qualitätsstufen und Öchslegraden jüngst in die Diskussion geraten, weil die Qualität eines Weines von vielen weiteren Faktoren bestimmt wird – zuallererst der Lage. Geschützte Ursprungsbezeichnung und geschützte geografische Angabe heißen die Zauberworte im neuen EU-Weinrecht.

Damit bekommen wir auch in Deutschland weitgehend das französische, besser das romanische Weinrecht – denn auch Italien hat das französische Weinrecht in vielen Teilen übernommen – mit der Qualitätsdefinition über Herkunft und Mengenbeschränkung.

Es kommt im Grunde ein 3-Stufen-System:
- **Weine ohne geografische Angaben** – entsprechen den bisherigen Tafelweinen.
- **Weine mit geografischen Angaben** – entsprechen den bisherigen Landweinen.

• **Weine mit Ursprungsbezeichnungen** – entsprechen den bisherigen Qualitäts- und Prädikatsweinen.

Die Ursprungsbezeichnung benennt eine Gegend, einen Ort oder eine Lage. Die Trauben müssen zu 100 % aus dem Gebiet stammen und der Wein auch dort hergestellt worden sein. Seine Güte und Eigenschaften müssen überwiegend den geografischen Verhältnissen entsprechen, einschließlich der natürlichen und menschlichen Einflüsse.

Im Zuge der Brüsseler Beratungen wurde jedoch erreicht, dass traditionell verwendete Weinnamen weiterhin Bestand haben. Damit wurde unser gesamtes deutsches Qualitäts- und Prädikatsweinsystem in das EU-Recht integriert. Unsere Qualitätswein- und Prädikatsbezeichnungen mit Gebiet, meist auch mit Ort und Lage, können sozusagen als Ursprungsbezeichnungen gelten. Die Winzer werden aber in Zukunft immer öfter die neuen Angaben aufführen.

Qualitätsstufen im europäischen Überblick

Vormals: Land	Tafelwein	Landwein	Qualitätswein
Frankreich	Vin de Table VDT	Vin de Pays VDP	Vin Délimité de Qualité Supérieur VDQS
Italien	Vino da Tavola VDT	Indicazione Geografica Tipica IGT	Vini di Qualità Prodotti in Regioni Determinate VQPRD
Österreich	Wein	Landwein g.g.A.	Qualitätswein g.U generische (4 Regionen)
Spanien	Vino de Mesa	Vino de la Tierra	Vino de Calidad con Indicación Geográfica VCIG.
Deutschland	Wein	Wein mit Herkunfts- angabe	Landwein g.g.A.

Die Traubenqualität im Weinberg ist entscheidend.

Qualitätswein mit Prädikat	Prädikate	Sonderbe-zeichnungen
Appellation d'Origine Contrôlée AOC	Premier Cru	Grand Cru
Denominazione di Origine Protetta DOP	Denominazione di Origine Controllata e Garantita. DOCG	Reserva
Qualitätswein g.U spezifisch (16 Gebiete)	DAC	Steinfeder Federspiel Smaragd
Denominación de Origen DO	Denominación de Origen Calificada D.O.Ca.	Vino de Pago Crianza Grande Reserva
Qualitätswein/ QbA g.U.	Kabinett, Spätlese, Auslese, Beerenauslese, TBA, Eiswein	Classic, Hochgewächs

Das Weinetikett

Jahrgang (mind. 85 % des Traubengutes müssen aus einem Jahrgang stammen)

Ursprungsbezeichnung/Lage

VDP Großes Gewächs

Rebsorte (mind. 85 % müssen von der genannten Rebsorte stammen)

VDP-Weingut aus dem Anbaugebiet »Ahr«

Anbauland

Wein wurde auf dem Weingut erzeugt und abgefüllt

Name des Weinguts und Anschrift

Amtliche Prüfnummer

Enthält Schwefeldioxid

Alkoholangabe

Füllvolumen

Das Weingut Jean Stodden – eines der erfolgreichsten im Ahrtal.

Das 1971 geschaffene deutsche Weinrecht konzentriert sich auf einen einzigen Faktor: das Mostgewicht der Trauben, also den Zuckergehalt zum Zeitpunkt der Ernte. Der Zuckergehalt ist aufsteigend vom Qualitätswein bis zur Trockenbeerenauslese immer höher. Gleichbedeutend mit besseren Weinen ist dies jedoch nicht. Zum einen bedeuten mehr Öchslegrade nicht, dass ein Wein mehr Harmonie oder Komplexität hat, zum anderen werden wichtige Faktoren wie Lage und Rebsorte ausgeklammert. Das heißt: Der Kabinett eines Winzers kann besser sein als die Auslese eines anderen.

Auch werden die Weine nicht immer süßer. Die Qualitätsstufe gibt keine Auskunft darüber. Stattdessen wird die Geschmacksrichtung gesondert vermerkt.

Deutscher Wein = Wein ohne geschützte Herkunftsangabe
Die Gruppe der einfachen Trinkweine aus Deutschland darf ohne nähere Herkunftsangabe in Verkehr kommen und in der Etikettierung die Angabe des Jahrgangs tragen. Die Angabe der wichtigsten deutschen Rebsorten (Spätburgunder, Riesling, Müller-Thurgau, Dornfelder und 17 weitere) wurde allerdings untersagt, sodass es beispielsweise nicht möglich ist, eine Rieslingcuvée aus dem Rheingau, aus Württemberg und von der Mosel als »Deutscher Wein – Riesling« mit Jahrgangsangabe in Verkehr zu bringen. Begriffe wie Erzeugerabfüllung, Gutsabfüllung oder Schlossabfüllung sind für diese Kategorien nicht erlaubt. Eine Süßung darf erfolgen.

Landwein = Weine mit geschützter geografischer Angabe
Unter bestimmten Voraussetzungen können deutsche Weine als »Landwein« mit einer geografischen Angabe bezeichnet werden. Dieser Wein weist einen gebietstypischen Charakter auf und muss von Weintrauben stammen, die in dem umschriebenen Gebiet geerntet worden sind, zum Beispiel »Ahrtaler Landwein«. Bei einzelnen Landweinen ist die Geschmacksrichtung

Kennzeichnungspflicht bei Wein

Immer mehr Menschen sind allergisch vorbelastet. Daher hat die europäische Union jeden Weinerzeuger verpflichtet, folgende Zusatzstoffe zu deklarieren.

Wird Schwefeldioxid in einer Konzentration von mehr als 10 mg/l verwendet, ist dies auf dem Etikett gekennzeichnet. Wahlweise können die Bezeichnungen »Enthält Sulfite« oder »Enthält Schwefeldioxid« von den Winzern genutzt werden. Verwendet ein Winzer zum Beispiel bei der Klärung Eiweiß und das Enderzeugnis übersteigt den tolerierten Grenzwert von 0,25 mg/l, müssen die Winzer dies auch auf dem Etikett kennzeichnen.

Die Geschmacksrichtungen

	Gramm Restsüße/Liter	
	Wein	Sekt
Extra Brut	–	0 – 6
Brut	–	6 – 15
Extra Trocken	–	12 – 20
Trocken	0 – 9	17 – 35
Halbtrocken	9 – 18	35 – 50
Lieblich	18 – 45	über 50
Süß	über 45	–

Bei lieblichen und süßen Weinen wird häufig keine Geschmacksrichtung auf dem Etikett vermerkt. Steht also nichts geschrieben, handelt es sich in den allermeisten Fällen um einen lieblichen/süßen Wein. Neuerdings verzichten allerdings einige Winzer auch bei ihren trockenen Top-Kreszenzen auf einen Hinweis zum Geschmack. »Die Geschmacksrichtung steht bei keinem Spitzenwein der Welt drauf«, erklärt Werner Näkel stellvertretend diesen Entschluss.

»trocken« oder »halbtrocken« festgelegt. Neu eingeführt wurden Landweine, die mehrere Gebiete umfassen und für die die Geschmacksrichtung nicht eingeschränkt ist. Beispielsweise gilt »Landwein Rhein« für alle Anbaugebiete in Rheinland-Pfalz und Hessen. Für Landwein, der ausschließlich aus Trauben eines Erntejahres hergestellt wurde, darf die Bezeichnung »Der Neue« verwendet werden, wenn das Erntejahr angegeben ist und er nach dem 01. November des Erntejahres an Letztverbraucher abgegeben wird. Es muss ein Hinweis auf den Mitgliedstaat erfolgen, in dessen Hoheitsgebiet die Trauben geerntet und zu Wein verarbeitet wurden (z. B. Wein aus Deutschland, erzeugt in Deutschland, Deutscher Landwein).

Qualitätswein = Weine mit geschützter Ursprungsbezeichnung
Deutscher Wein darf mit dem traditionellen Begriff »Qualitätswein« nur gekennzeichnet werden, wenn 100 % des Weines aus dieser benannten Weinregion stammen und für ihn auf Antrag

eine amtliche Prüfnummer zugeteilt worden ist. Aus diesen Erfordernissen lässt sich bereits ableiten, dass diese Weinkategorie besondere Qualitätsanforderungen erfüllen muss: Die verwendeten Weintrauben müssen in einem einzigen »bestimmten Anbaugebiet« geerntet worden sein. In Deutschland gibt es 13 Anbaugebiete (Ahr, Hessische Bergstraße, Mittelrhein, Mosel, Nahe, Rheingau, Rheinhessen, Pfalz, Franken, Württemberg, Baden, Saale-Unstrut, Sachsen). Diese gelten neu als »geschützte Ursprungsbezeichnung« und sind damit international registriert und geschützt. Der von den Ländern für jedes Anbaugebiet festgelegte natürliche Mindestalkoholgehalt muss eingehalten werden. Der vorhandene Alkoholgehalt muss mindestens 7 % vol betragen. Für angereicherte Weine beträgt die Alkoholobergrenze 15 % vol.

Alle Qualitätsweine müssen eine Sinnesprüfung absolvieren und nach dem Fünf-Punkte-Schema eine Mindestpunktzahl von 1,5 erreichen. Dabei werden Geruch, Geschmack und Harmonie der Weine bewertet.

Hochgewächs

Eine Zusatzbezeichnung für Rieslinge. Als Riesling Hochgewächs darf ein weißer Qualitätswein bezeichnet werden, wenn er ausschließlich aus Weintrauben der Rebsorte Riesling hergestellt

Hände weg von Versteigerungsweinen!

Die VDP-Güter (siehe Kasten Seite 165) versteigern alljährlich Top-Weine zu Top-Preisen. Festgehalten werden muss: Versteigerungsweine sind für Weinsammler, nicht für Weingenießer. Natürlich handelt es sich um herausragende Tropfen, manchmal sogar um den besten des Gutes. Aber das Preis-Genuss-Verhältnis hat arge Schieflage. Doch da die Menge knapp ist, wird gezahlt – gerne auch im dreistelligen Bereich. Dabei gibt es die (wenn überhaupt nur marginal) »kleineren« Weine für die Hälfte oder sogar ein Drittel zu erstehen. Versteigerungsweine sind vor allem Statussymbole zum Angeben, für Leute, die schon alle ihre Wände mit seltenen Gemälden und ihre Garage mit italienischen Sportwagen gefüllt haben. Bei Weingenießern stehen andere Flaschen im Keller. Also lassen Sie sich nicht verrückt machen.

Amtliche Prüfnummern

... erhalten nur Weine der beiden oberen Güteklassen (»QbA« und »Qualitätswein mit Prädikat«).

1. Stufe: Leseprüfung
Das Ernteergebnis eines jeden Erntetages wird in das Herbstbuch eingetragen (Menge, Herkunft, Sorte, Mostgewicht).

2. Stufe: Analysenprüfung
Drei Probeflaschen des fertigen Weins sowie ein Analysenzeugnis eines zugelassenen Untersuchungslabors werden der Prüfungsbehörde eingereicht.

3. Stufe: Sinnenprüfung
Experten verkosten den Wein und bewerten ihn nach dem Fünf-Punkte-System. Die Merkmale Farbe, Klarheit, Geruch und Geschmack werden einzeln benotet, und nur wenn der Wein in allen Kategorien eine vorgeschriebene Mindestpunktzahl erreicht, darf er auf dem Etikett die begehrte Güteklasse führen und erhält als Bestätigung die amtliche Prüfnummer.

worden ist und der zur Herstellung verwendete Most einen natürlichen Alkoholgehalt aufgewiesen hat, der mindestens 1,5 % vol über dem für das betreffende bestimmte Anbaugebiet oder dessen Teil festgelegtem natürlichen Mindestalkoholgehalt liegt. Zudem muss der Wein in der amtlichen Qualitätsweinprüfung eine Qualitätszahl von mindestens 3,0 erreicht haben.

Qualitätsweine mit Prädikat

Weine dieser Stufe dürfen weder als Most noch als Wein aufgebessert werden. Sie unterscheiden sich – mit Ausnahme des Eisweins – primär durch ihr Mostgewicht. Dieses hat jedoch unterschiedliche Weintypen zur Folge.

Die Prädikate in aufsteigender Reihenfolge:

Kabinett
Feine, leichte Weine aus reifen Trauben mit geringem Alkoholgehalt.

Spätlese

Reife, elegante Weine mit feiner Frucht, die etwas später geerntet werden.

Auslese

Edle Weine aus vollreifen Trauben, unreife Beeren werden ausgesondert. Ab dieser Stufe ist die Handlese Pflicht.

Beerenauslese

Weine aus überreifen, edelfaulen Beeren. Der Botrytispilz (Edelfäule) trägt mit zur Qualität bei. Nicht jedes Jahr sind solche Weine möglich, dafür sind sie – wenn die Natur ihre Erzeugung erlaubt – über Jahrzehnte lagerfähig.

Trockenbeerenauslese

Aus rosinenartig eingeschrumpften, edelfaulen Beeren ist die Trockenbeerenauslese die Spitze der Qualitätspyramide. Süß und honigartig, ist sie von extremer Alterungsfähigkeit.

Eiswein

Diese Besonderheit darf nur aus Trauben erzeugt werden, die im gefrorenen Zustand (meist ab minus 7 °C) gelesen und gekeltert werden, sodass nur das Fruchtkonzentrat ausgepresst wird. Vom Mostgewicht her müssen sie mindestens einer Beerenauslese entsprechen. Die Weine sind in ihren feinsten Ausprägungen von fast kristallener Brillanz, mit einem explosiven Säure-Süße-Spiel und einem feinen Eisbonbon-Aroma.

Für den Eiswein werden gefrorene Trauben gelesen.

»Classic« und »Selection«

Diese beiden Begriffe kennzeichnen erstmals für den Weinjahrgang 2000 deutsche Qualitätsweine aus gebietstypischen klassischen Rebsorten mit einem harmonischen, trockenen Geschmacksprofil. An die Verwendung dieser Angaben sind für den Winzer strenge Qualitätsvorgaben geknüpft. Selection-Weine müssen unter anderem folgende Kriterien erfüllen: ausschließliche Herkunft aus Einzellagen, ausgewählte hochwertige Rebsorten, Hektarertrag von max. 60 hl/ha, Mindestmostgewichte in der Regel ab 90°C Oechsle sowie bereits in den Weinbergen beginnende transparente Qualitätssicherungs- und Kontrollmaßnahmen und hohe Anforderungen an die Sensorik. Classic steht für ein Weinprofil aus Anbaugebieten im Preissegment der anspruchsvollen Mitte. Ein harmonisch-trockener Geschmacksstil, basierend auf überdurchschnittlichen Anforderungen an die Traubenproduktion ausgewählter gebietstypischer Rebsorten. Beide Bezeichnungen haben sich nicht durchgesetzt und kommen heute nur noch selten vor.

Große Lage

Der einflussreiche Verband Deutscher Prädikatsweingüter VDP (siehe Kasten Seite 87) verabschiedete 2012 eine Klassifikation, deren Top-Weine aus der »Ersten Lage« und der »Großen Lage« kommen.

VDP Erste Lage kennzeichnet erstklassige Lagen mit eigenständigem Charakter, in denen optimale Wachstumsbedingungen herrschen und nachweislich über lange Zeit Weine mit nachhaltig hoher Qualität erzeugt wurden. Als Erste Lagen kommen die bisherigen klassifizierten Lagen sowie die von Großen Lagen abgegrenzten Parzellen in Frage. Die Erntemenge ist auf einen Ertrag von maximal 60 hl pro Hektar beschränkt, und die Weine müssen von Hand geerntet werden. Die Geschmacksrichtung ist trocken.

Großes Gewächs

Die Qualitätsstufe zeichnet die hochwertigsten deutschen Weinberge aus. Die Lagen sind parzellengenau abgegrenzt. Hier reifen die besten Weine mit expressivem Lagencharakter und besonderem Reifepotenzial. Sie sind mit regional eng festgelegten und zum jeweiligen Weinberg passenden Rebsorten bepflanzt. Der trockene Wein einer VDP Großen Lage ist das VDP Große Gewächs. Die Erntemenge ist auf einen Ertrag von maximal 50 hl pro Hektar beschränkt. Ein Großes Gewächs ist geschmacklich trocken. Der fruchtsüße Wein einer VDP Großen Lage trägt die Prädikatsstufe nach dem europäischen Weingesetz.

Weinbau im Einklang mit der Natur

Wer sichergehen will, dass sein Wein ökologisch erzeugt wurde, steht vor einem Begriffsdschungel. Mit Bezeichnungen wie »biologisch«, »umweltschonend«, »integriert« oder »biodynamisch« schmücken sich deutsche Weingüter. Alles dasselbe? Nein, zur Hälfte sogar Etikettenschwindel. Integriert bedeutet nur, dass der Einsatz von chemischen Mitteln beim Pflanzenschutz auf ein (angebliches) Minimum reduziert wird. Der Begriff »umweltschonend« wird in Bundesländern genutzt, die entsprechende Produktrichtlinien haben (auf den Flaschen steht dann »aus kontrolliert umweltschonendem Anbau«). Diese Art der Weinbergsbearbeitung ist bei deutschen Spitzenwinzern aber mittlerweile Standard. Anders ausgedrückt: Es wird sich kaum ein Winzer finden, der offen zugibt, so lange mit der chemischen Keule auf seine Weinberge einzuschlagen, bis sich kein Kraut, kein Pilz, kein Insekt und kein Parasit mehr regt.

Gesichert »bio« sind in Deutschland aber nur die zertifizierten Betriebe der folgenden vier Verbände: BÖW/EcoVin (www.ecovin.org), Naturland (www.naturland.de), Bioland (www.bioland.de) und Demeter (Verband für biologisch-dynamische Landwirtschaft; www.demeter.de). Grundlage der jeweiligen Vorschriften ist die EU-Richtlinie EU-VO 2092/9 – allerdings sind die deutschen Verbände in vielen Punkten deutlich strenger.

Der **biologische Weinbau** hat sich auf die Fahne geschrieben, ohne den Einsatz von Mitteln auszukommen, die Natur oder Mensch schädigen könnten. Das bedeutet im Detail: Erhaltung und Steigerung der natürlichen Bodenfruchtbarkeit; Erziehung gesunder, widerstandsfähiger Pflanzen ohne Einsatz von Herbiziden, chemisch-synthetischen Insektiziden und organischen Fungiziden; Förderung und Mehrung der Artenvielfalt; Verwendung schadstoffarmer Rohstoffe; Reduzierung der Gewässer- und Bodenbelastung; Verzicht auf genmanipulierte Pflanzen.

Der **biologisch-dynamische Weinbau** ist eine Sonderform, die auf den Lehren des deutschen Anthroposophen Rudolf

Steiner (1861 – 1925) basiert. Da in dessen Schriften die Krankheit einer Pflanze als Zeichen eines gestörten natürlichen Gleichgewichts angesehen wird, ist es das Ziel, ebenjenes zu erhalten. Dabei wird nach kosmischen Konstellationen (z. B. Mondphasen) gearbeitet und mit »dynamisierenden« Mitteln wie Hornmist und Hornkieselpräparaten. Zurzeit gibt es kein biologisch-dynamisches Weingut an der Ahr.

Dagegen finden sich an der Ahr mit dem Weingut Christoph Bäcker (siehe Seite 127), dem ersten biologisch arbeitenden Weingut an der Ahr überhaupt, und dem Weingut Christoph Richter (Kanonenwall 18, 53474 Ahrweiler, Tel. 02641/31506) zwei EcoVin-Betriebe. Von Letzterem überzeugt der knackigtrockene Riesling Kabinett aus der Lage Bachemer Steinchen mit frischen Apfelaromen und kräftigen weißen Blütennoten.

Vom Verband Bioland zertifiziert ist das Weingut Maibachfarm (siehe Seite 149). Es ist das jüngste und zur Zeit qualitativ führende biologische Weingut im Tal.

Biologischer Weinbau ist in Steillagengebieten wie der Ahr besonders aufwendig. Dies führt jedoch nicht dazu, dass die Weine der drei genannten Erzeuger ein schlechteres Preis-Genuss-Verhältnis aufweisen als die der konventionell arbeitenden Konkurrenz. Ganz im Gegenteil: Was das Preisgefüge angeht, befinden sich alle genannten am unteren Ende.

Ein gekennzeichneter Bioweinberg

Wenn die Ahr reden könnte – Die Geschichte des Weinbaus an der Ahr

Gern würde man an der Ahr den Weinbau auf die Römer zurückführen. Gelebt haben die südländischen Eroberer hier zweifellos, die Region war sogar volle 500 Jahre römisch. Die Wasserleitungen in Dernau, die Römervilla vor den Toren Ahrweilers (im Stadtteil Ahrweiler) und etliche andere Funde belegen dies. Nur ein allgemein akzeptierter Fund zum römischen Weinbau fehlt. Der bisher einzige aus dem Jahr 1853, als in Neuenahr in sechs Meter Tiefe Reste von römischen Weinbergen gefunden wurden, ist nämlich umstritten. Die 1,80 bis 2,40 m breiten Zeilen sollen aus der Zeit des Gallienus um 260 – 268 nach Christus stammen, was durch Münzenfunde aus dieser Zeit belegt sein soll.

In einer aktuellen Untersuchung geht der Autor Wolfgang Herborn davon aus, dass die Römer tatsächlich den Weinbau an die Ahr brachten, dieser nach deren Abzug im 5. Jahrhundert jedoch weitgehend wieder unterging. Grund soll eine so genannte »Klimadepression« gewesen sein, das heißt, einige Jahrhunderte lang war es kälter, bis es im 8. Jahrhundert wieder wärmer wurde. Aus dieser Zeit finden sich dann auch erste Belege für den Weinbau und seine Ausbreitung von der unteren Ahr flussaufwärts.

Weinberge ad aram

Mit Sicherheit kann man heute nur sagen, dass bereits die Franken Weinbau an der Ahr betrieben. Der erste urkundliche Beleg stammt aus dem Jahr 770. Darin ist von Weinbergen »ad aram« (lat.: »An der Ahr«) die Rede – dies inspirierte das Weingut Brogsitter zu seiner gleichnamigen Edition. Auch das Prümer Urbar (das Güterverzeichnis des Benediktinerklosters Prüm) aus dem Jahr 893 nach Christus beweist, dass die Franken in Ahrweiler Rebbesitz hatten. Den Quellen zufolge gab es damals 750 Morgen (rund 200 Hektar) Weinberge in Ahrweiler. Die Weinbaufläche im gesamten Ahrtal war viermal so groß. Zu dieser Zeit wurde auch weiter ahraufwärts (bis Dümpelfeld und in den Nebentälern der Ahr) Weinbau betrieben. Um das Jahr 1200 besaßen zwölf Klöster und zwölf Adelshöfe 80 % der Weinbergsfläche in Ahrweiler. In Dernau waren es neunzehn Grundherren (zehn Klöster und neun weltliche Herren), die 80 % besaßen – typisch für die Region. Erst um 1700 gehörten den Ahrweiler Winzern dann 70 % der Weinberge – sie hatten sie dem Adel und den Klöstern, die oft in Geldnot waren, abgekauft.

Die Realteilung (sie wurde nicht, wie heute gern behauptet wird, von den Franzosen im Tal eingeführt, sondern bestand bereits vorher) führte zu einer Zersplitterung des Weingutbesitzes, denn anstatt dem ältesten Sohn alles zu vererben, bekamen nun alle Kinder gleich viel. Also viele kleine Flächen statt einer großen. Die Realteilung galt bis 1900. Als Ergebnis hatten 1958 von 1.600 Weinbaubetrieben nur 76 mehr als einen Hektar Rebfläche.

Frenze und hunze win

Die Anlegung der Weinbergsterrassen im Ahrtal erfolgte zur Zeit

»Die Einschulung von Reben in die Rebschule der Landes-Lehr-und Versuchsanstalt in Marienthal – damals waren diese noch wurzelecht.«

Kurwein

Ahrweiler kam 1246 mit der Grafschaft Are zu Kurköln. Dreißig Fuder Wein – damals selbstverständlich Weißwein – mussten jedes Jahr dem Landesherrn und Kurfürsten gestellt werden. Der kurfürstliche Kellermeister und hoch angesehene Weinkenner verkosteten deshalb alljährlich den Wein in den Winzerkellern und wählten die besten Fuder aus. Sie wurden »gekürt«. Die jeweiligen Winzer waren nicht nur stolz, sie bekamen ihre Weine auch sehr gut von der Stadt bezahlt. »Kleine Kurweine« gab es in der Grafschaft Neuenahr, die eine Zeit lang zum Herzogtum Jülich gehörte. Dessen Amtsmann durfte sich in den Kloster- und Adelshöfen Wein aussuchen. Aber er durfte nur drei Fässer probieren. Gefielen ihm der erste und der zweite Wein nicht, dann musste er den dritten nehmen – »ob er süß oder sauer wäre«.

der Salier und der Staufer zwischen 1000 und 1250. Zu dieser Zeit wurden nur die nicht allzu steilen, südwärts gerichteten Hügel mit Reben bepflanzt, echte Steillagen waren eine Seltenheit. Man vermutet, dass damals fast ausschließlich Rotwein angebaut wurde, wegen des für die Ahrweine gebräuchlichen Namens »Rubellum«.

Erst im 13. Jahrhundert begann man, Rebsorten und Weinqualität zu unterscheiden. Vorher gab es nur neuen und älteren Wein sowie frenzischen und hunzischen (frenze win, die bessere Qualität, im Gegensatz zu hunze win, der geringeren).

Was die Weinberge selbst anging, wurde im Mittelalter zwischen zwei Reben unterschieden. Die hochwertigen Proffreben kletterten an den steilen Ahrfelsen wie an einer Hauswand hoch. Ein Stock ergab jedes Jahr zehn bis 15 Kilo Trauben (heute: ein bis drei Kilo). Die minderwertigeren Stickelreben wurden dagegen in der Ebene und in den unteren Weinbergslagen an Stöcken gezogen.

Im Mittelalter wurden im heutigen Rotweingebiet Ahr übrigens fast durchgehend nur Weißweine erzeugt. Rechnungen der Stadt Ahrweiler aus dem Jahr 1490 beweisen aber, dass zu dieser Zeit auch noch einige Rotweinsorten im Anbau waren. Erst 1680 kam jedoch die heute für das Tal so wichtige rote Burgundertraube an die Ahr. Da Wein aus roten Trauben gegen die Cholera helfen sollte, wurde ihr Anbau an der Ahr schnell intensiviert. Seit Ende des 17. Jahrhunderts kann das Tal deshalb als Rotweingebiet bezeichnet werden.

Klimaverschlechterung

Weil im Mittelalter die roten Trauben genau wie die weißen vor der Gärung gekeltert wurden, erhielten die Winzer damals nur leicht rötlichen »Schillerwein«. Erst im 19. Jahrhundert ließ man die gemahlenen Trauben mit Schalen, Kernen und Stielen gären, sodass der Farbstoff aus den Beerenhäuten während der alkoholischen Gärung gelöst werden konnte. Das Mitgären der Kerne und Stiele führte dazu, dass die Weine sehr herb wurden. Heute geschieht dies üblicherweise nicht mehr – sonst wäre die Erzeugung des typisch samtigen Ahrrotweins unmöglich.

Im beginnenden 17. Jahrhundert gab es – nicht nur an der Ahr – eine Klimaverschlechterung (durchschnittlich ein bis zwei Grad kälter als heute), wodurch ein Teil des Weinbaus im Tal verschwand, und zwar an der Oberahr und den unmittelbar anschließenden Eifelgebieten sowie in der Grafschaft, den nördlichen Ahrhöhen und dem Kottenforst.

Die Zeit der französischen Besatzung (1794 – 1814) war für den Ahrweinbau Fluch und Segen zugleich. Die Franzosen

Zechen, bis der Wolf kommt

Das Kölner Stift St. Gereon besaß Weinberge an der Ahr und musste am Martinstag seine »hörigen« Bauern und Winzer bewirten. Am Morgen wurde ein Bettlaken auf den Hof gehängt, und ein älterer, ein mittlerer und ein jüngerer Winzer mussten alle zwei Stunden rausgehen und nachschauen. Erst wenn sie berichteten, draußen sei ein Wolf, durften die Gäste nach Hause geschickt werden. Bei den Grafen von Blankenheim war es ein Zaunpfahl, den die sturzbetrunkenen Winzer für einen Raben halten mussten. Ohne Augentest kam dagegen das Kloster Himmerod mit seinen Zechgästen klar: Solange ein Karrenrad brannte und glühte, so lange durfte hier gegessen und getrunken werden. Die Bauern und Winzer legten das Rad extra sechs Tage lang in Jauche, damit es auch richtig lange vor sich hin fackelte. Es wurde dann morgens angezündet und durfte nicht angestochert werden. Wenn es lange genug brannte, konnte es vorkommen, dass der Winzer den mitgebrachten »Zehnten«, den er zu entrichten hatte, komplett versoff.

Schon immer für ein Bild gut: das romantische Ahrtal

krempelten die Besitzverhältnisse im Ahrtal um: Adel und Geist-
lichkeit mussten auf ihre besonderen Rechte verzichten. Die
Besitztümer der Kirche wurden im Rahmen der Säkularisation
aufgelöst – zu dem Zeitpunkt waren allerdings bereits mehr als
75 % der Weinberge in »bürgerlichem« Besitz. Die erhobene
Grundsteuer – als Bemessungsgrundlage wurden Weinberge
nach ihrer Güte eingestuft – war höher als der vorher zu entrich-
tende Zehnte. Frondienste (vor allem für Wegebau) und Kriegs-
opfer kamen hinzu, wodurch Arbeitskraft in den Weinbergen
fehlte. Die neue Konkurrenz der französischen Weine setzte den
Problemen noch eins drauf. Diese Weine waren preisgünstig und
hoch im Alkohol – deshalb strömte fortan häufig Bordeaux- oder
auch Burgunderwein in ehemalige Ahrweintrinkerkehlen.

Bleicher Ahrbleichert?
Jedoch gab es auch eine Erfolgsgeschichte zu Zeiten Napoleons:
Zwar war das Deutsche Reich noch zersplittert und der Handel
durch etliche Zollabgaben unattraktiv, das einheitliche französische Schutzzollsystem schaffte jedoch goldene Zeiten für den
Weinverkauf, sogar bis nach Belgien. Der Ahrrotwein wurde mit
der Bezeichnung »Ahrbleichert« verkauft. Heute streiten sich die
Gelehrten über die Farbe des Weins. Die meisten gehen davon
aus, dass es ein Rosé war, es gibt aber auch eine Quelle aus dem
18. Jahrhundert, die besagt, er sei »entschieden dunkelroth« gewesen.

Sparkling Wine from Walporzheim

Großen Erfolg brachte damals auch die Versektung der Weine. In England schätzte man den »Sparkling Wine from Walporzheim« besonders hoch und war bereit, dafür Preise wie für besten Champagner zu zahlen.

Wein war auch Währung. Wer im 18. Jahrhundert in eine der Ahrweiler Zünfte eintreten wollte, musste eine Weinspende erbringen. Wer die Zunftbestimmungen übertrat, musste Weinstrafe zahlen. Als die Ahrweiler Pfarrkirche 1728 eine neue Orgel brauchte, wurde zur Weinkollekte gerufen. Schon aus dem 15. Jahrhundert ist bekannt, dass Organisten, Glöckner, Schulmeister oder auch Turmwächter regelmäßig oder als Auszeichnung Wein erhielten. Es gab auch Arbeiten, die mit Wein »vergnügt« wurden. Ebenfalls war es Sitte, nach wichtigen Geschäften zusammen Wein zu trinken – was heute leider nicht mehr überall Usus ist ...

Der Wiener Kongress (eine Konferenz aller politischen Mächte Europas, die sich anlässlich der Niederlage des napoleonischen Frankreich zur Neuzeichnung der politischen Landkarte des Kontinents trafen) hatte zur Folge, dass das Ahrgebiet ab dem 10. Februar 1815 zum Königreich Preußen gehörte. Das tat dem Ahrwein erst mal richtig gut. Politische Stabilität und nicht zuletzt das 1818 eingeführte Zollgesetz, welches vor der Einfuhr fremder Weine schützte, waren dafür verantwortlich. In einigen Gemeinden blühte der Weinbau in dieser Zeit wieder auf (Ahrweiler, Rech, Dernau, Altenahr), in anderen kam er dagegen nahezu zum Erliegen (Oberwinter, Remagen, Sinzig, Bodendorf).

Etikettenschwindel hat Tradition

Karl-Peter Böll zitiert in seinem Aufsatz über die Ahr folgende bemerkenswerte Handelspraxis von 1871: »Seit durch den deutsch-französischen Krieg die Einführung französischer Weine fast gänzlich aufgehört hat, werden die Bestellungen feinerer Auslesen hiesiger roter Ahrweine, welche bis jetzt seltener vorkamen, immer häufiger. Das größte Hindernis, dass diese Weine bekannt werden, ist, dass sie meist unter falschem Namen als Aßmannshäuser oder als französischer Burgunder in Verkehr kommen, da sie billiger als diese sind, obwohl sie die gleiche bzw. ähnliche Qualität erreichen.«

Zur Not der Winzer
(Gottfried Kinkel 1846)

Man braucht nur ihre schwere Mühe anzusehen, wenn sie die steilen Pfade hinauf den Dünger auf die Felsmauern schleppen oder in der Sommerglut ihre Weinreben brechen. Mit großer Anstrengung muss der jäh abfallende Schieferfels durch künstliche Mauerterrassen eingefasst werden, auf denen besseres Erdreich und Dünger haften kann.

Weinbergsarbeit mit schöner Aussicht

Ab nach Amerika

Leider war die schöne Zeit spätestens 1833 vorbei, als Preußen dem Deutschen Zollverein beitrat. Ein Handelsabkommen schwächte zudem den Absatz nach Belgien. Die Winzer hatten die Keller voll, die Traubenpreise deckten nicht mehr die Kosten, hinzu kamen Missernten in der Mitte des 19. Jahrhunderts. Ergebnis: Die Winzer wurden abhängig von Händlern oder verließen das Tal Richtung Amerika. Zwischen 1850 und 1860 wanderten beispielsweise zehn Prozent der Bevölkerung des Ortes Mayschoß dorthin aus.

Rettung brachten die Winzergenossenschaften. Es war ein Abend im Dezember 1868, als der Mayschoßer Küster Koßmann nach dem Vortrag eines Wanderlehrers über den Anbau geeigneter Rebsorten und effektive Düngung die Gründung einer Verkaufsgenossenschaft vorschlug. Ein Jahr später wurde der »Mayschoßer Winzerverein« in das Handelsregister eingetragen. Früher als die Mayschoßer Winzergenossenschaft entstanden nur die beiden Württemberger Weingärtnergenossenschaften in Asperg (gegründet 1854) und Neckarsulm (gegründet 1855), die jedoch beide nicht mehr existieren.

Deutschlands älteste Genossenschaft

Wie die Weinhändler verkauften die Mayschoßer Genossen ihre Tropfen nun nicht mehr in Groß-, sondern in sogenannten Kleingebinden. Das klappte so gut, dass sie 1871 einen reisenden Verkäufer anstellen konnten. Innerhalb von zwei Jahren waren alle alten Weinvorräte an den Mann gebracht. Schon 1874 konnte mit dem Bau eines eigenen Kellers begonnen werden – eine echte Erfolgsgeschichte also. Hatte es mit 18 Winzern begonnen, so waren es 1892 schon 180. Kein Wunder, dass das positive Mayschoßer Vorbild zum Nachahmen anregte. Walporzheim und Landskrone (1871), Heimersheim und Dernau (1873), Ahrweiler, Neuenahr, Rech und Altenburg (1874) sowie etliche andere gründeten Genossenschaften, bis der Heppinger Winzerverein und andere 1898 den Schlusspunkt setzten. Gegen Ende des 19. Jahrhunderts gab es 22 Genossenschaften im Tal. Die Preise erholten sich.

Damals war es üblich, dass große Weinhandelsfirmen von kleinen Ahrwinzern die Trauben, von großen Betrieben den fertigen Wein kauften. Berühmte Handelsfirmen waren Kreuzberg, Brogsitter, Dahm, Maxrath, Schäfer, J.J. Adeneuer. Trotzdem gab es für nicht genossenschaftlich organisierte Winzer häufig große

Winzervereine retteten den Ahrweinbau

Absatzschwierigkeiten – Kirmes und Straußwirtschaft waren die Rettungsanker. Oft fuhren die Winzer mit einer »Deuks« oder »Deukarr« (Schiebekarre) bis an den Niederrhein, um dort ein Fässchen zu verkaufen. In dieser Notzeit waren jene Winzer froh, die eine Kuh besaßen, getreu dem Sprichwort: »Eine Kuh deckt jede Armut zu«. Kuhmist war und ist auch heute noch ein hervorragender Dünger im Weinberg.

Rotwein mit wenig Duft

Den Ahrwein jener Zeit beschreibt der Bonner Geschichts- und Theologieprofessor Gottfried Kinkel 1846 in seinem Buch über Reisen an die Ahr: »Ahrrotwein ist von dunkler Farbe, hat wie die meisten Rotweine wenig Duft, ein herbes, doch höchst angenehmes Feuer und ist ausgezeichnet gesund. An Farbe, Glut, Kraft und Geschmack ist Walporzheim und in einigen Lagen Ahrweiler die Krone des Tales, doch auch Altenahr, Dernau und Bodendorf sind vorzügliche Lagen.«

Am 17. November 1874 stellen die Professoren Koernike und Kreusler auf der Domäne Annaberg bei Bonn die erste Reblausverseuchung in Deutschland fest. 1881 entdeckte man die Reblaus dann in Heimersheim am Landskroner Berg, wo sie vermutlich schon länger wütete. Man vermutet, dass sie durch Portugieserreben aus Klosterneuburg in Österreich nach Deutschland eingeschleppt worden waren. 1910 waren rund 200 Hektar Weinberge an der Ahr verseucht. Bis 1930 nahm die Weinbergsfläche an der Ahr deshalb beständig ab.

Der nächste biologische Rückschlag war Mitte der 1920er bis Ende der 1960er Jahre die Reisigkrankheit, bekannt als »Fluch der Ahrwinzer«. Sie wurde in Deutschland sogar erstmals beim Spätburgunder an der Ahr festgestellt. Immun gegen diese Krankheit war die Rebstock-Selektion namens »Burgunder-Kastenholz«. Sie wurde vermehrt angepflanzt, während Bodenentseuchungen gegen die für die Übertragung der Viruskrankheit verantwortlichen Fadenwürmer vorgenommen wurden. Als Ergebnis der Reisigkrankheit wurde die Ahr fast wieder zu einem Weißweingebiet. Die kranken Spätburgunderreben trugen nicht viel, und die Nachfrage nach Weißwein war groß. 1953 betrug der Weißweinanteil an der Ahr 38,5 %, am höchsten war er 1957 in Mayschoß. Auch heute noch gilt Mayschoß als Rieslinghochburg der Ahr.

Frostige Weinberge

Trotz der klimatischen Besonderheiten des Ahrtals bleibt ein so weit nördlich gelegenes Weinanbaugebiet nicht von Frostkatastrophen verschont. Die schlimmsten waren 1928/29, 1955/56, 1962/63, 1979/80 und 1981/82. Für den Weinbau an der Ahr hatte insbesondere die Frostkatastrophe der 1950er Jahre große Bedeutung. Sie betraf vor allem den Portugieser, was zur Folge hatte, dass dieser eine unwichtigere Rolle in der Flurbereinigung einnahm, die 1957 – 1959 im Ehlinger Berg begann, großräumig aber erst ab 1968 durchgeführt wurde. Im Zuge dieser Flurbereinigung wurde vor allem der Spätburgunder verstärkt angebaut, da ertragsstarke, blütefeste Spätburgunderklone zur Verfügung standen, wie zum Beispiel die »Stuber« oder ein vom Institut für Weinbau in Geisenheim entwickelter Klon sowie ein beliebter Klon von Professor Ritter (Windesheim/Nahe).

Der Portugieser war nicht die einzige Rebsorte, die mit Niedrigtemperaturen Probleme hatte. Am 16. September 1972 erfroren an der Ahr die Rieslingtrauben zu 95 % und konnten wegen Unreife nicht vermarktet werden.

Durch »Räuchern« wurde versucht, die häufigen Spätfröste zu mildern. Ab 1926 gab es an der Ahr eine gut organisierte Räucherwehr. Wenn nötig, rückte sie mit Rohnaphthalin und Teer, später mit Teer und alten Autoreifen an, um die Weinberge in eine dichte Rauchdecke zu hüllen. So sollte verhindert werden, dass die von der Erde ausströmende Wärme »abfloss«. Aus Gründen des Umweltschutzes und mangelnder Erfolge kam man in den 1970er Jahren wieder davon ab. Auch die in den 1960er Jahren in den Weinbergen der Unterahr eingesetzten Ölöfen verschwanden nach rund einem Jahrzehnt wieder – wegen der hohen Ölkosten.

Kegeltourismus

In der Zeit vor dem Zweiten Weltkrieg ging es durch die Reichsnährstandverordnung (als »Reichsnährstand« wurde im Deutschland des Dritten Reichs die Gesamtheit der Landwirtschaft bezeichnet) kurz wieder aufwärts, bevor der Krieg alles änderte.

Nach der Währungsreform und dem Abzug der Besatzungsmächte belebte der Fremdenverkehr den Ahrweinbau. Lange Jahre war das Tal Ziel des sogenannten »Kegeltourismus«. Dünne, süßliche Weinchen wurden literweise getrunken, und es galt das berühmte Sprichwort: »Wer an der Ahr war und weiß, dass er da war, der war nicht an der Ahr«. Die Struktur der Weingüter unterschied sich damals sehr von der heutigen Situation. 1973 gab es nur fünf Betriebe, die mehr als drei Hektar bestockte Fläche hatten, größter Betrieb war die Staatliche Weinbaudomäne Marienthal – mit zwanzig Hektar ein kleiner Riese.

Durch Winterfrost erfrorene Reben an der Ahr. Den letzten Frühfrost erlebte man hier 1972.

Innovatoren des Weinbaus

Der Pionier für trockene Weine war ein kleiner Familienbetrieb in Walporzheim, das Weingut Alois Grimmiger »Im Kräuterberg«. Heute können die Weine leider nicht mehr mit der Konkurrenz mithalten, doch damals waren sie die einzigen, die international erfahrene Weinkenner reizen konnten. Grimmiger war der Erste, der kompromisslos auf trockene, durchgegorene Rotweine setzte. Nachahmer fand er allerdings keine. Wirklich wachgeküsst wurde die Ahr von einem ehemaligen Mathe- und Sportlehrer. Sein Name: Werner Näkel. »Mein Gedanke war: Die haben im Burgund die gleichen Trauben – aber die machen so viel bessere Weine!«, erzählt er rückblickend. Ein Vorteil sei 1980 für ihn gewesen, dass er den Winzerberuf nicht gelernt hatte und deswegen etwas wagte. Näkel war nicht scheuklappenblind, sondern innovativ. Und dies bedeutete vor allem den Einsatz französischer Barrique-Fässer. Die ersten Rotweine, die er im kleinen Eichenfass ausbaute, welches so viele Röst- und Vanillearomen an den Wein abgibt, wurden von der Prüfstelle als nicht gebietstypisch abgelehnt und bekamen keine AP-Nummer. Näkel ließ sich nicht beirren und setzte seinen Weg fort, lernte, das Barrique-Fass immer besser zu beherrschen. Heute hält er einige seiner Versuche für untrinkbar – aber unbezahlbar, wenn es um das eigene Feingefühl im Umgang mit dem Barrique geht. Der Durchbruch war dann sein 87er Spätburgunder Dernauer Goldkaul QbA trocken, der den renommierten Deutschen Rotweinpreis gewann. Kollegen kamen zu Näkel, um sich zu informieren – und folgten seinem Beispiel. Zur ersten Welle der Qualitätsweingüter zählten Kreuzberg, Deutzerhof und Sonnen-

Mühsames Anlegen eines Weinberges im Schieferhang

berg, die sich heute alle in der Gebietsspitze wiederfinden. Dabei macht der Ahrwein fast jährlich weitere Qualitätssprünge. Strenge Mengenreduzierung im Weinberg, immer kompetenterer Umgang mit dem Barrique-Fass, Auswahl besten Rebmaterials, neuere Kellertechnik und die immer genauere Kenntnis des besonderen Klimas des Ahrtals und seiner Böden sind der Grund dafür. Die Spitzenweinregion Ahr ist noch jung und dynamisch.

Zwei besondere Jahrgänge

In der jüngeren Weinhistorie gab es zwei Jahrgänge, die sich als entscheidend für den Weinbau an der Ahr herausgestellt haben. Der erste war 1992, ein mengenmäßig gigantischer Jahrgang. Ein Winzer erzählte lachend: »Ich habe nicht gewusst, wo ich die ganze Brühe unterbringen soll!« Die Winzergenossenschaft Mayschoß-Altenahr musste gar Tankwaggons auf nahe gelegenen Bahngleisen für den vielen Wein nutzen. Auch 1993 fiel mengenmäßig sehr großzügig aus, und in vielen Betrieben fand ein Umdenken statt: So geht das nicht weiter, wir müssen die Produktion drosseln, Mengenbeschränkung ist angesagt. Und das bedeutete im Endeffekt: Qualität statt Quantität.

Das zweite entscheidende Jahr war 2003. Im Sommer war es brennend heiß, die Ahrweine wurden zu wahren Alkoholbomben. Viele – leider nicht alle – Betriebe lernten aus diesem sogenannten »Jahrhundertjahrgang«, dass es bei Spät- und Frühburgunder ein Zuviel an Alkohol gibt. Manche Winzer sehen heute bei 13 % die Grenze, andere bei 13,5 %, einige erst bei 14 %. Gerade den letzteren Wert können nur voluminös-barocke oder enorm mineralische Burgunder »schlucken«. Doch unabhängig von der Diskussion um eine sinnvolle Obergrenze sind sich die meisten Spitzenwinzer einig, dass Eleganz als oberstes Ziel des Ahrweins anzustreben ist. Denn so üppig und strotzend vor Fruchtaromen wie Übersee-Rote können Ahrweine niemals werden. Nun soll die regionale Besonderheit, die samtige Schieferfinesse, aufs Feinste ausgereizt werden.

Unfassbar roter Wein

Die Rotweine der Ahr sind heute weitaus dunkler oder, wie gerne gesagt wird, »farbintensiver«. Das liegt zum einen daran, dass immer mehr kleinbeerige Klone in den Weinbergen stehen, bei denen das Schale-Most-Verhältnis positiver für die Farbausbeute ausfällt. Hinzu kommt, dass die Traubenhäute durchschnittlich länger mit dem Most in Kontakt bleiben und mehr Farbstoffe aus ihnen gelöst werden. Nicht ganz so vom Glauben an den ehrlichen Wein beseelt sind zwei andere beliebte Methoden: Zum einen wird ordentlich (bis 15 % ist vom Gesetzgeber erlaubt) Deckrotwein – an der Ahr vor allem Regent und Dornfelder – in den Spätburgunder gegeben. Zum anderen gibt es ein Enzym, das die Farbausbeute unterstützt. Auch bei vielen Spitzenbetrieben sind diese Kniffe gang und gäbe. Gesundheitlich ist das alles natürlich unbedenklich, aber leider bleiben dabei der reine Spätburgundergeschmack und die typische hellere Farbe auf der Strecke. Zuzuschreiben hat sich dies der Konsument selbst, denn der glaubt in der Mehrzahl: Je dunkler ein Rotwein, desto besser. Das ist beim Wein nicht anders als beim Fleisch, das ja auch immer schön rosig sein soll. Man muss es so sagen: Wir haben es nicht anders gewollt.

Dennoch sind es nur Trends, vermutlich kurzlebige, in einem jahrhundertealten Weinbaugebiet, das sich in seiner Geschichte ständig neu erfunden hat. Glücklich sollte jeder Weingenießer sein, genau jetzt zu leben. Denn eines scheint sicher: So viele so gute Weine wie zurzeit sind an der Ahr noch nie produziert worden.

Eine kleine Reise durch die Erdgeschichte

von Susanne Brüning-Schmitz und Carsten Henn

Am Anfang war das Meer …

Ein Strand. Es ist tropisch heiß und sehr still. Einige binsenartige Pflanzen biegen sich im leichten Wind hin und her. Schaut der Betrachter nach Norden, sieht er kahles Land. Hinter ihm – in Richtung Süden – breitet sich ein großes Meer aus. Er steht an der Küste eines riesigen Kontinents.

Der Kontinent ist heute längst nicht mehr da, und die binsenartigen Pflanzen – die ersten auf dem Land – sind nur noch als Fossilien erhalten. Denn was sich liest wie ein Urlaubsbericht aus einem fernen Land, ist eine Beschreibung der Ahrregion vor circa 400 Millionen Jahren in der Devonzeit.

Auf Kollisionskurs

Damals bestimmten zwei Kontinente das Gesicht der Erde. Die Ahrregion als Teil des Rheinischen Schiefergebirges befand sich an der Südküste des Nordkontinents. Auf diesen driftete der Südkontinent zu und engte das dazwischen liegende Meer ein. Ein Flussdelta sorgte dafür, dass Tone und Sande vom Nordkontinent in das Meer gespült wurden und sich ablagerten. Schließlich wurden nach etwa 100 Millionen Jahren – in der Karbonzeit – die Meeresböden zu einem riesigen Gebirge aufgefaltet, das von nun an die Schweißnaht beider Kontinente bildete. Die Ahrregion war ein Teil dieses Gebirges. Aus den Tonen waren Tonschiefer, aus den Sanden Sandsteine geworden.

Eine heiße Episode

Mit der Zeit wurde das Gebirge immer weiter abgetragen und eingeebnet, sodass die Gegend, in der sich heute das Rheinische Schiefergebirge befindet, nach vielen Millionen Jahren sogar zum

Tiefland geworden war. Durch Verwitterungsprozesse bleichten viele Steine aus und färbten sich rötlich.

Das gemächliche Treiben wurde jäh unterbrochen, als vor circa 36 Millionen Jahren im Erdinnern Vulkane ausbrachen. Meistens blieb die schlotartig aufgedrungene Schmelze knapp unterhalb der Erdoberfläche stecken. Dort erkalteten die ca. 1.100° C heißen Schmelzen zum häufigsten Vulkangestein der Erde – dem Basalt.

Ein kleiner Fluss und seine großartige Leistung

Vor circa einer Million Jahren begann ein Fluss, sich durch die Landschaft zu schlängeln: die »Ur-Ahr«. Das Rheinische Schiefergebirge wurde erneut emporgehoben, und der Fluss konnte sich in den felsigen Untergrund einschneiden.

Während die Ahr ihr Tal schuf, wurden die aufgefalteten, meist steil aufragenden Meeresböden abgetragen und die härteren basaltischen Schlotfüllungen der Vulkane als Bergkuppen herausgeformt.

Zwischenzeitlich kam es während der Eiszeiten zur Ablagerung eines feinen, kalkreichen Staubes, der sich an vielen Stellen in Deutschland ablagerte, so auch an der Ahr. Er wurde vom eiskalten Wind aus den Felsen geblasen und ist bekannt unter dem Namen Löss.

Auf dem felsigen und zum Teil verwitterten Untergrund bildete sich so ein Mosaik von verschiedenen Böden, auf denen sehr viel später die Winzer ihren Wein anbauten: Schieferböden, mehr oder weniger stark verwittert, Schieferböden mit verschiedenen Lössbeimengungen, basaltische Böden, Hangschuttböden. Sie sorgen –

Einblick in die Erdgeschichte

natürlich neben den Keller-
meistern und dem Mikro-
klima – für die große Ge-
schmacksvielfalt an der Ahr.

Die Erdgeschichte hat im
Ahrtal besonders zwischen
Ahrmündung und Alte-
nahr – dem heutigen Wein-
gebiet – ihre Spuren hinter-
lassen, erkennbar an den bi-
zarren Felswänden (herausragend: die »Bunte Kuh«
bei Walporzheim), den
Bergkuppen der Vulkane
Neuenahrer Berg und
Landskrone oder an den
typischen Lösshohlwegen.

Eine Steillage der Ahr

Bei Letzteren hat sich der Boden im Laufe von Jahrhunderten
durch ständige Nutzung immer weiter eingetieft, verstärkt noch
durch die abtragenden Kräfte fließenden Wassers. Schöne Bei-
spiele finden sich oberhalb von Bad Bodendorf, wo an Eintiefun-

Zu Fuß in die Erdgeschichte

Wer tiefer in die faszinierende Erdgeschichte des Ahrtals
einsteigen will, kann dies auf die denkbar schönste Art und
Weise machen: Er kann sie erwandern. AhrGeoTouren bietet
(unter anderem) sehr empfehlenswerte und fundierte zwei-
bis dreistündige Wanderungen unter der Leitung von Susanne Brüning-Schmitz an: »Von uralten Meeresböden bis zum
Weinbau«. Interessierte können zwischen verschiedenen
Strecken wählen, zum Beispiel an der Landskrone, der Bunten
Kuh, oder nahe Altenahr.

Kontakt:
AhrGeoTouren
Tel. 02642/993021
mail@ahrgeotouren.de
www.ahrgeotouren.de

gen noch immer die ehemalige Frankfurt-Aachener Heerstraße zu erkennen ist.

Erdgeschichte und Wein

Die Ahr wird weinbaulich in eine obere Region zwischen Altenahr und Marienthal (die rein geologisch gesehen die mittlere Ahr ist) und eine untere (die auch geologisch die untere ist) zwischen Walporzheim und Heimersheim unterteilt.

Der obere Teil mit seinen steilen Terrassenlagen ist geprägt von kargen, lössarmen Grauwacke- und Schieferverwitterungsböden. Die Ahr hat sich hier tief in die Gesteinsschichten eingegraben, eng ist das Tal, die Weinberge reichen fast bis an den Fluss. Ausnahmen sind nur das Recher und das Dernauer Auel. Die Weine dieses Ahrteils werden häufig als filigran, feinfruchtig und mineralisch beschrieben.

Nahe der »Bunten Kuh« bei Walporzheim geht die obere Region in die »freizügigere« untere über. In diesem deutlich weiteren

Die Ahr

Das Wort Ahr stammt von dem altdeutschen Aa, Ah, Ach für Wasser, Bach, Fluss in Verbindung mit Ur oder Ar für ungestüm. In mittelalterlichen Urkunden finden sich die Begriffe Arachgaz oder Uraachgow für das Ahrgau, also das Ahrtal. Auf immerhin 86 Kilometer Länge bringt es dieser linke Nebenfluss des Rheins, der mit Nordrhein-Westfalen und Rheinland-Pfalz durch immerhin zwei Bundesländer fließt. Vierzehn Zuflüsse, allesamt Bäche, kann die Ahr aufweisen. Sie entspringt in Blankenheim auf einer Höhe von rund 520 Meter über dem Meeresspiegel. Genauer gesagt: im Keller eines Fachwerkhauses. In der Nähe des Ortes Remagen mündet sie in den Rhein, dann nur noch auf einer Höhe von fünfzig Meter über dem Meeresspiegel. Im Rahmen eines Förderprogramms wird seit Jahren versucht, immer mehr Lachse dazu zu bringen, in der größtenteils nicht eingeengt fließenden Ahr zu laichen: Wehre und Sohlschwellen werden wieder abgebaut, Fischeier aus Frankreich bezogen. Deutzerhof-Winzer Wolfgang Hehle war einer der Initiatoren der Aktion und hat mit seinem »Saumon de l'Ahr« einen passenden Wein kreiert. Mittlerweile ist die Arbeitsgemeinschaft Ahr e. V. zuständig (www.arge-ahr.de).

Das typische Schiefergestein im Ahrtal.

Talabschnitt mit flacheren Hängen sind überwiegend Lösslehm-
böden mit Steinverwitterung anzutreffen. An der Landskrone,
einem der beiden die Szenerie bestimmenden Vulkankegel,
finden sich wieder Steillagen mit einem hohen Anteil an Grau-
wacke- und Verwitterungsböden. Wie am Kalvarienberg gibt es
hier zudem tertiärzeitliche Basaltschlote, die den Weinen einen
erdigen Charakter verleihen. Die Weine der unteren Ahrregion
stehen im Ruf, vollmundiger und körperreicher zu sein – dies
trifft jedoch nicht auf ihre Steillagenweine zu, die in ihrer Art denen der oberen Region ähneln.

Der Heimersheimer Kapellenberg schließt das Anbaugebiet
im Osten ab (die westlichste Lage ist der Übigberg).

Die meisten Ahrweinberge stehen auf den sogenannten Mit-
telterrassen. Darauf ist Schotter abgelagert, den die Ahr in den
Hunderttausenden von Jahren mit sich trug, er liegt jedoch unter
Verwitterungs- und Lösslehm, jenen eiszeitlichen Ablagerungen,
die von Westwinden ins Tal getragen wurden. Dort sammelte
sich natürlich mehr davon an als auf den kargen Terrassen und
Hängen. Die Böden sind deshalb in den Hang- und Flachlagen
»fetter«, also nährstoffreicher.

Die wichtigsten Weinorte – von Westen nach Osten

Altenahr

Die westlichsten Weinorte des Ahrtals sind Kreuzberg und Pütz-feld, denn bis zu diesen reichen offiziell Teile der Lage Altenahrer Übigberg. Da die beiden Siedlungen zur Verbandsgemeinde Alten-ahr gehören, werden sie an dieser Stelle mitbeschrieben. Das kleine Pützfeld, in welchem während der Nachkriegszeit neben Wein auch Tabak angebaut wurde, hat als Sehenswürdigkeit eine pittoreske, weiß verputzte, frühbarocke Marien-Wallfahrtskapelle aus dem Jahr 1681 zu bieten, die heute noch im Originalzustand erhalten ist. Etwas näher an Altenahr liegt Kreuzberg, das alte Cru-ceberge. Der Ortsname stammt von einem Kreuz, das Benedik-tinermönche aus Kesseling auf dem Ortsfelsen errichtet hatten. Um 1340 wurde die Burg Kreuzberg von Cuno von Fischenich erbaut, 1686 zerstörten allerdings die Franzosen das Bauwerk. 1760 wurde es verändert wieder aufgebaut. Altenahr selbst ist vor allem bekannt für die Burg Are, mit deren Bau Graf Theode-rich I. von Are im Jahr 1100 begonnen hatte. Engelsley heißt der Burgfelsen, nach drei Seiten hin ist die Burg auf ihm geschützt gewesen. Die Franzosen schafften es 1690 trotzdem, sie einzu-nehmen – im Norden war der Zugang ja frei. Wer die Burg heute »einnimmt«, wird mit einem der schönsten Ausblicke auf das Tal belohnt. Leichter bekommt man einen solchen allerdings mit der 1963 errichteten Altenahrer Seilbahn (siehe S. 204), die als dop-pelsitziger Sessellift auf 350 Metern eine Höhendifferenz von 164 Meter überwindet. Nicht in der Höhenluft, sondern im Tal liegt die romanische Pfarrkirche Maria Verkündigung. An die dreischiffige Bruchsteinkirche aus dem 12. Jahrhundert wurde im 14. Jahrhun-dert ein gotischer Chor angebaut. Weitere Umbauten gab es im 16. und 19. Jahrhundert. Im Inneren lohnt ein Blick auf den schönen barocken Hauptaltar und die Monstranz aus dem 15. Jahrhundert. Uhu-Freunde sollten sich auf den Weg zur Ravenley oberhalb des Ortsteils Reimerzhoven machen, wo eine Kolonie der Vögel lebt

Mayschoß liegt in einem Talkessel zu Füßen der Saffenburg

und niedliche Laute von sich gibt (Männchen: »buho«, Weibchen: »u-hu«). Auch für Sommerrodler ist in Altenahr gesorgt (Infos unter www.sommerrodelbahn-altenahr.de).

Spitzenwinzer: Winzergenossenschaft Mayschoß-Altenahr, Weingut Sermann-Kreuzberg

Ahr-Spitzenlagen: Altenahrer Eck

Weitere Informationen: www.altenahr.de, www.altenahr-ahr.de

Mayschoß

Die Europäische Holzroute (»Route du Bois«) ist vielleicht nicht jedem Weinliebhaber auf Anhieb geläufig, aber ein kleiner Teil davon befindet sich tatsächlich in einem deutschen Weinort, nämlich in Mayschoß. Es handelt sich um die größte Ganzstammbrücke Europas (Infos unter www.xn--holzbrcke-Mayschoß-bbc.de). Ob man sie unbedingt gesehen haben muss, ist eine andere Frage, da ist sie auf jeden Fall. Weinhistorische Bedeutung, und zwar weltweit, hat die Winzergenossenschaft Mayschoß-Altenahr, ist sie doch die älteste noch existierende der Welt. Achtzehn Winzer, darunter ein Vorfahre Werner Näkels (siehe S. 118), schrieben am 20. Dezember 1868 mit ihrer Gründung Weingeschichte. Ein Besuch im Mittelahr-Museum, das sich im Gebäude der Genossenschaft befindet, lohnt zu jeder Zeit. Sehenswert, aus dem Tal wie in der hoch gelegenen Ruine selbst, ist die Saffenburg. Einst eine mächtige Befestigungsanlage, kann man das Bollwerk heute nur noch erahnen. Die Saffenburg wurde erstmalig im Jahr 1081 erwähnt und blieb bis 1794 eigenständig. Dann kamen die Franzosen. Die Burg wurde jedoch nicht von Gegnern geschliffen, sondern vom eigenen Besitzer im Jahr 1704. Die Burg war

Ursache vieler kriegerischer Handlungen im Tal, und Söldner-truppen setzten sich regelmäßig hier fest. Die Saffenburg war auch, vor allem zur Zeit des Dreißigjährigen Krieges, Ort von Hexen-prozessen. Unter anderem verstarb im Jahr 1630 die junge Catha-rina Kreuzberg nach langer Folter (weitere Infos zur Saffenburg: www.foerderverein-saffenburg.de). Mayschoß liegt gegenüber der Saffenburg in einem Talkessel, der alte Name der Siedlung lautet Mainscozen. Die Weinbesonderheit des Ortes ist, dass über die Hälfte der Ahr-Rieslinge in Mayschoßer Lagen wachsen.

Spitzenwinzer: Weingut Deutzerhof, Winzergenossenschaft Mayschoß-Altenahr

Ahr-Spitzenlagen: Mayschoßer Mönchberg

Weitere Informationen: www.Mayschoß.de

Rech

Als Heimat der steilsten Ahrweinberge gilt Rech. Der Ort am Fuße des Nollberges wird 1140 erstmals urkundlich erwähnt (als »Reth«). Im Mittelalter war Rech eine Wallfahrtsstätte, in der Dorfkirche wurde die Heilige Lucia verehrt. Größte Besonderheit des Ortes ist die älteste erhaltene Ahrbrücke, deren Grundstein-legung 1723 erfolgte. Auf ihrem Mittelpfeiler steht eine Statue des heiligen Nepomuk. Keine andere im Tal überstand die große Flut von 1910. Eine weitere Sehenswürdigkeit ist die Ortskirche aus dem Jahr 1499, die 1720 erneuert wurde. Im 19. Jahrhundert war Rech noch bekannt für seinen für die Ahr ungewöhnlich hohen Weißweinanteil – mittlerweile hat sich das Verhältnis umgekehrt.

Spitzenwinzer: Weingut Jean Stodden

Ahr-Spitzenlagen: Recher Herrenberg

Weitere Informationen: www.weinort-rech.de

Dernau

Am Fuße des 360 Meter hohen Krausbergs (wenn die Fahne auf dem Turm weht, ist die dortige Gastronomie geöffnet) liegt mit Dernau eine der ältesten Siedlungen des Ahrtals. Bereits im Neolithikum haben sich Menschen an diesem Fleckchen Erde niedergelassen. Alte Namen des heutigen Dernau sind Dagernova, Degernavale und Degenerauale. Sehenswert sind unter anderem die alten Winzerhäuser im Ortskern, der jüdische Friedhof an der Straße nach Grafschaft / Esch und die katholische Pfarrkirche. Für diese findet sich zwar 1205 ein erster schriftlicher Beleg – sie brach allerdings 1755 zusammen. 1763 konnte der Neubau geweiht werden. Drei Altäre und barocke Statuen, zum Teil aus dem 17. Jahrhundert, schmücken das Innere. Weinhistorisch erlangte der Ort durch Werner Näkel Berühmtheit, der hier in den 1980er Jahren die Rotweinrevolution der Ahr startete (siehe S. 118). Heute finden sich in Dernau überdurchschnittlich viele Spitzenwinzer.

Spitzenwinzer: Weingut H. J. Kreuzberg, Weingut Meyer-Näkel, Weingut Erwin Riske, Weingut Reinhold Riske

Ahr-Spitzenlagen: Dernauer Pfarrwingert

Weitere Informationen: www.dernau.de, www.eifelverein-dernau.de

Marienthal

Marienthal als Ort zu bezeichnen, ist fast zu viel gesagt. Es sind im Kern einige Häuser an der Marienthaler Straße. Charme und Geschichte hat diese Siedlung trotzdem genug. Das ist vor allem ein Verdienst des 1136 gegründeten Klosters Marienthal, heute

Das herbstliche Dernau mit Pfarrkirche

Der kleine Ort Marienthal schmiegt sich an die Weinberge.

das vielleicht schönste Weingut der Ahr. Marienthal war in früheren Jahren ein reiches Kloster, hatte sogar eine eigene Brennerei und eine eigene Bäckerei. Im Kloster soll im 13. Jahrhundert das

Die Bunte Kuh
(nach Ernst Weyden)

WEINSAGE

Eine der vielen Sagen um den berühmten Felsen mit dem Namen »Bunte Kuh« ist diese:

Einst feierte in einem Walporzheimer Wirtshaus eine Gruppe junger Frauen und Männer feuchtfröhlich Walpurgisnacht. Eine davon war Marie, die vom Wein benebelt zu den anderen sagte: »Den mächtigen Felsen dort an der Ahr möchte ich gerne einmal besteigen.«

Alle lachten sie aus, denn diesen schroffen Felsvorsprung hatte noch keiner erklommen.

»Wollen wir wetten, dass ich es schaffe? Sogar eine Flasche Wein werde ich da oben trinken und in der Zeit meine Strümpfe wechseln!«

»Wenn du das fertigbringst«, sagte einer der jungen Männer, »dann gebe ich dir dafür eine Kuh.«

Am nächsten Tag machte sich Marie an den Aufstieg. Die wagemutige Kletterpartie gelang, und sie bekam die versprochene Kuh. Und weil diese bunt war, hieß der tierkopfähnliche Fels von da an »Bunte Kuh«.

»Rheinische Marienlob« verfasst worden sein, das als eine der bemerkenswertesten rheinischen Dichtungen des Mittelalters gilt. Die Franzosen, die so einiges im Ahrtal vernichteten, brannten das Kloster 1646 nieder. Der rund ein halbes Jahrhundert später fertiggestellte Neubau wich stark von der ursprünglichen Bauweise ab. Das heutige Weingut – Nachfolger der 2004 geschlossenen Staatlichen Weinbaudomäne – ist in einem Rokokopavillon aus der Mitte des 18. Jahrhunderts untergebracht, ein prachtvoller Keller gehört ebenfalls dazu. Die andere Sehenswürdigkeit Marienthals war vierzig Jahre lang streng geheim: der sogenannte Regierungsbunker. Offiziell hieß er »Ausweichsitz der Verfassungsorgane des Bundes«, und im Verteidigungsfall sollten die zentralen Bundesorgane in ihm eine atombombensichere Zuflucht finden. Mit dem Umzug nach Berlin wurde der Bunker überflüssig und 1997 fiel der Entschluss, ihn »zurückzubauen«. 2008 wurde in einem rund 200 Meter langen Teil der Anlage die »Dokumentationsstätte Regierungsbunker« eröffnet (www.regbu.de)

Spitzenwinzer: Weingut Kloster Marienthal, Weingut Klosterhof, Paul Schumacher – Römergewölbe

Ahr-Spitzenlagen: Marienthaler Trotzenberg

Weitere Informationen: www.bad-neuenahr-ahrweiler.de

Walporzheim

Der Weinort Walporzheim ist heute wohl am bekanntesten für die nahe gelegene »Bunte Kuh«. Dieser tierähnlich geformte Felsvorsprung (direkt an der Ahr-Rotweinstraße gelegen) hat allerdings durch einen Steinschlag vor Kurzem einiges seiner Pracht verloren. Eine weitere, weniger tierische Sehenswürdigkeit ist die Kapelle St. Josef aus dem 17. Jahrhundert mit ihrer Barockhaube. Im Inneren sind vor allem die barocken Figuren des Heiligen Sebastian und des Heiligen Rochus beachtenswert. Mit dem »Sanct Peter« findet sich das älteste Gasthaus der Ahr im Ort – bis ins Jahr 600 reicht dessen Geschichte zurück. Von 1246 bis 1805 war es Hof und Weingut des Kölner Domstifts und wurde sogar »Perle des Domschatzes« genannt. Für Weinfreunde wahrscheinlich wichtiger ist die große Anzahl an Spitzenlagen, welche der Ort zu bieten hat. Im Prümer Urbar wurde der Ort bereits 893 als Walpredeshofen erwähnt. Der Walporzheimer Weinhandel war für den Ahrwein im 19. Jahrhundert von entscheidender Bedeutung. Damals wurde »Walporzheimer« zum Inbegriff für Ahrwein schlechthin.

Spitzenwinzer: Weingut Christoph Bäcker, Weingut Peter Kriechel, Winzergenossenschaft Walporzheim

Ahr-Spitzenlagen: Walporzheimer Domlay, Walporzheimer Pfaffenberg, Walporzheimer Alte Lay, Walporzheimer Gärkammer, Walporzheimer Kräuterberg
Weitere Informationen: www.walporzheim.de

Ahrweiler

Nicht nur reich an Spitzenwinzern, sondern auch an Sehenswürdigkeiten ist Ahrweiler. Herausragend ist die noch komplett erhaltene Stadtbefestigung – äußerst selten in Deutschland! 1.800 Meter lang ist sie, bis zu 1,50 Meter dick, bis zu acht Meter hoch und mit vier Stadttoren versehen. Schon Kelten und Römer siedelten auf dem Gebiet des heutigen Ahrweiler. Die Römervilla am Fuße des Silberbergs ist die am besten erhaltene römische Gutsanlage nördlich der Alpen und als beeindruckend gestaltetes Museum ein Pflichtbesuch für jeden Ahrurlauber (Infos unter www.ahrtal.de/MuseumRoemervilla.htm). Weniger bekannt ist die römische Eisenverhüttungsanlage, die als Teil des zehn Kilometer langen »Eisenwegs« zwischen Ahrweiler und Ramersbach erwandert werden kann. Auch andere Spuren des römischen Bergbaus liegen an der malerischen Strecke. In seinem Stadtkern bietet Ahrweiler viele ebenso prächtige wie aufwendig restaurierte Fachwerkhäuser. Das schönste Ensemble findet sich in der

Weinbergsterrassen wie Schwalbennester in Ahrweiler

Niederhutstraße, unter anderem mit dem Kreuzberghaus und dem Palmhaus. In Letzterem soll Beethoven erste Gehversuche in Sachen Orgelspiel unternommen haben. Das älteste Haus der Stadt, der »Weiße Turm«, stammt aus dem 14. Jahrhundert und ist gleichzeitig das Stadtmuseum (nähere Infos siehe S. 207). Weiterhin sehenswert sind unter anderem die alten Adelshöfe sowie die dreischiffige gotische Hallenkirche St. Laurentius mit der »Ahrweiler Monstranz«, die um das Jahr 1400 geschaffen wurde. Über Ahrweiler, das in früheren Zeiten Arwilre, Arewilre, Arewilere und Arweiler genannt wurde, thront das Kloster Kalvarienberg. In dem Gebäudekomplex sind heute zudem ein Gymnasium, eine Realschule und ein Kindergarten untergebracht. Das eigentliche Kloster darf von Besuchern nur während des Gottesdienstes am Sonntagmorgen um acht Uhr betreten werden. Der Ursprung des sakralen Baus geht auf einen Pilger zurück (angeblich den Grafen von Blankenheim), der aus dem Heiligen Land

Der Kobold von Walporzheim
(nach Gottfried Kinkel)
WEINSAGE

Bauer Velten und sein Freund Klaus machten sich, ordentlich mit Wein angetrunken, vom Walporzheimer Weinhaus Sanct Peter aus auf den Heimweg. Es war Mitternacht, und die beiden wussten, dass sie an der »Bunten Kuh« vorbei mussten, wo ein Kobold hausen sollte, der nachts mit Menschen sein Spiel trieb.

»Wenn wir an der ›Bunten Kuh‹ sind«, sagte Bauer Velten, »dann halt mich fest am Arm, und lass uns kräftig schreien. Ich hoffe, er rührt uns nicht an, weil wir ja zu zweit sind. – Aber, Klaus, du wankst ja schon!« Und in diesem Moment spürte er die Anwesenheit des teuflischen Kobolds. Eigentlich wollten sie geradeaus gehen, aber Klaus drückte immer nach rechts in den Felsen hinein. Ob ihm der Kobold den Blick getäuscht hatte? Bauer Velten versuchte, seinen Saufkumpan auf die andere Seite zu ziehen, aber der war kräftiger. Plötzlich standen sie am Ahrufer, ließen einander erschrocken los, und jeder rannte in eine andere Richtung. Bauer Velten fiel auf eine Felsenkante und zog sich eine blutige Nase zu, sein Freund Klaus landete in der Ahr. Der Kobold war verschwunden. Brummend und stocknüchtern machten sich die beiden auf den Heimweg.

Die Römervilla in ihrem Schutzbau am Ortsrand von Ahrweiler.

zurückkam und eine Ähnlichkeit zwischen der Anhöhe und der Kreuzigungsstätte Jesu Christi auf dem Berg Golgatha (Calvaria) zu erkennen glaubte. Daraufhin wurde die Hinrichtungsstätte, die sich an dieser Stelle befunden haben soll, verlegt. Die neuer-richtete Kapelle entwickelte sich zum Wallfahrtsziel.

Spitzenwinzer: Weingut J.J. Adeneuer, Weingut Maibachfarm, Ahrweiler Winzerverein

Ahr-Spitzenlagen: Ahrweiler Silberberg, Ahrweiler Rosenthal, Ahrweiler Daubhaus

Weitere Informationen: www.bad-neuenahr-ahrweiler.de

Bachem

Kein Spitzenwinzer, keine Spitzenlagen – und trotzdem hat der kleine Ortsteil von Bad Neuenahr-Ahrweiler für Ahrweinfreunde Bedeutung. Zum einen wegen des Weinbaumuseums »Backes« (nähere Infos siehe S. 208), das schon von Willy Brandt besucht wurde (1986). Zum anderen wegen der Frühburgunder von den Bachemer Weinbergslagen. Da Letztere nicht erstklassig sind, eignen sie sich ideal für die früh reifende Rebsorte. Hier regiert sie. Viele Winzer schwören für die Ahrtaler Weinspezialität auf die hängigen Lagen mit ihren schweren Löss-Lehmböden. An Sehenswürdigkeiten hat der Ort mit Ursprüngen im 10. Jahrhun-dert noch drei Kapellen zu bieten: St. Anna (13. Jahrhundert), St. Leonhardis (18. Jahrhundert) und die Lourdes-Kapelle (1949).

Spitzenwinzer: –

Ahr-Spitzenlagen: –

Weitere Informationen: www.weindorf-bachem.de

Die Nepomuk-Brücke in Rech überstand als einzige die große Flut von 1910, 2008 wurde sie saniert.

Bad Neuenahr

Dank des Kaufmanns und Weinhändlers Georg Kreuzberg, der 1852 die Apollinarisquelle entdeckte, begann die bis heute andauernde Erfolgsgeschichte Neuenahrs. Seit 1927 darf es sich »Bad« nennen – der Grund ist 36 Grad warm, alkalisch, kochsalzarm, sehr kohlensäurehaltig – und ein Mineralwasser. Selbst-

Schinnebröder und Lemhök
(nach Ernst Weyden)
WEINSAGE

Zwischen Ahrweiler und den Jülicher Orten Wadenheim, Hemmessen und Beul gab es immer wieder Streitigkeiten um den Verlauf der Grenze. Man entschied sich, ein großes Feuer anzuzünden, und die Gruppe, die es am längsten bei der Gluthitze aushielt, als Sieger anzuerkennen. Auf einem um das Feuer gezogenen Kalkkreis mussten sich die Streithähne niederlassen. Die Ahrweiler hatten ihre Schienbeine durch nassen Lehm geschützt, ihre Rivalen hatten sich Eisenbleche davor gebunden. Alle hatten mit einer langen Nacht gerechnet und sich ordentlich mit Wein eingedeckt. Und so wurde erst mal ausgiebig gezecht. Das Feuer schlug immer höhere Flammen, und die drei Jülichen Dörfer mussten als Erste fliehen.

Aufgrund dieses Geschehnisses hört man noch heute die Spitznamen »Jülicher Schinnebröder« und »Ahrweiler Lemhök«.

verständlich finden sich die üblichen Gebäude eines mondänen Kurbetriebs im Ort. So das neobarocke Kurhaus, 1905 nach dem Vorbild des Casinos von Monte Carlo fertiggestellt. Auch eine Spielbank gibt es dort. Gegenüber liegt das Badehaus, ebenfalls in der Nähe das Steigenberger Kursanatorium im Stil der Neorenaissance. Die Ahr-Thermen, ein Kurgarten und sehenswerte Kirchen runden das Angebot ab.

Spitzenwinzer: Weinmanufaktur Dagernova, Weingut Peter Lingen, Weingut Sonnenberg

Ahr-Spitzenlagen: Bad Neuenahrer Schieferley, Bad Neuenahrer Sonnenberg

Weitere Informationen: www.bad-neuenahr-ahrweiler.de

Heppingen

Der kleine Ort Heppingen ist heute vor allem für seinen Sternekoch Hans-Stefan Steinheuer bekannt, der im nach ihm benannten Restaurant den Kochlöffel schwingt (siehe S. 189). Die Küche ist so fantastisch, dass sie einen überaus verfressenen Autor zu einer Krimireihe inspiriert hat (siehe letzte Seite). Heppingen befindet sich am Fuße des rund 280 Meter hohen Basaltkegels der Landskrone; die Ruine der Burg Landskrone mit der Jungfrauenkapelle liegt auf der Höhe, genau wie die weiß verputzte Kapelle Mariahilf, die auch von der Autobahn aus zu bewundern ist. Im Ort gibt es zudem das schlicht gehaltene Barockschloss Metternich zu sehen. Heppingen wird 965 erstmals schriftlich erwähnt und war früher als Heppinghoven bekannt.

Spitzenwinzer: Weingut Burggarten

Ahr-Spitzenlagen: Heppinger Burggarten

Weitere Informationen: www.bad-neuenahr-ahrweiler.de

Heimersheim

Der Ort Heimersheim geht auf eine fränkische Siedlung zurück und wird 933 erstmals erwähnt – wie so viele Ahrorte im »Prümer Urbar«. Sehenswert ist die spätromanische dreischiffige Pfarrkirche St. Mauritius, die nach dem Zweiten Weltkrieg leider mit einem eher unpassenden Anbau versehen wurde. Das stört jedoch nicht den Genuss der Chorfenster mit Resten spätromanischer Glasmalerei, des wertvollen Kreuztragungsaltars und der Pieta aus dem 15. Jahrhundert. Zweites Highlight in Heimersheim ist das wiederaufgebaute Westtor der einstigen mittelalterlichen Stadtmauer.

Spitzenwinzer: Weingut Nelles

Ahr-Spitzenlagen: Heimersheimer Landskrone

Weitere Informationen: www.bad-neuenahr-ahrweiler.de

Der goldene Pflug
(nach Gottfried Kinkel)

WEINSAGE

Johann von Rösberg vertrieb einst die unglaublich reiche Neuenahrer Grafenfamilie von der Burg und raffte alle ihre Schätze
an sich. Bis auf einen legendären goldenen Pflug, den er einfach nicht finden konnte. Ein Diener hatte ihn in einem Brunnen versteckt, starb aber, bevor er jemandem davon erzählen
konnte.

Tausende versuchten, ihn zu finden – vergebens. Dann
machte sich ein Bauer aus dem Ort Beul mit Spaten und Hacke
auf die Suche. Auf der Kuppe des Berges hörte er ein leises
Weinen aus einem Gebüsch. Unter einem Haselnuss-Strauch
entdeckte er ein kleines, merkwürdig aussehendes Männchen.

»Warum weinst du?«, fragte der Bauer. »Ach«, sagte der
Zwerg, »die Sonne hat mir die Kehle ausgetrocknet, und ich
habe solchen Durst.«

Ohne zu zögern gab der Bauer ihm etwas Wein aus seinem
Krug. Der Zwerg trank ordentlich und seine Laune besserte
sich mit einem Schlag. »Bäuerlein«, sagte er, »weil du mir etwas von deinem Wein gegeben hast, werde ich dich zu einem
reichen Mann machen. Grabe in der nächsten Vollmondnacht
an diesem Haselnuss-Strauch nach dem goldenen Pflug, und
du wirst ihn finden. Aber du darfst keinen Laut von dir geben,
sonst werden die Erdgeister den Schatz festhalten!«

Der Bauer befolgte die Anweisungen, hackte bei Vollmond
den Haselnuss-Strauch weg, schaufelte Erde fort und schob
den Schluss-Stein des Brunnens zur Seite, um eine Angel
hinablassen zu können. Dort schimmerte bereits der Pflug. Da
kam der gefürchtete feurige Ritter auf ihn zugeritten, der seit
der Zerstörung der Neuenahrer Burg durch Ahrweiler Bürger oft
des Nachts auftauchte. Der Bauer erschrak, schrie auf, und der
goldene Pflug stürzte in die Tiefe. Als der Bauer in der nächsten
Vollmondnacht zurückkehrte, war der Brunnen verschwunden.
Der magische Schatz soll noch heute die heilenden Quellen am
Fuße des Neuenahrer Berges sprudeln lassen.

Das Paradies (nach Gustav Klar und Otto Kleinemann)

Als die ersten Menschen Gottes Gebote übertraten, ließ der Herr das Paradies durch Engel von der Erde forttragen. Da es aber so groß war, brach unterwegs ein Stück ab und ging verloren. Schöne Berge, an deren Hängen Trauben reifen, und ein Fluss mit herrlichen Fischen fielen auf die Erde – genau dahin, wo jetzt das Ahrtal liegt. Wegen der paradiesischen Schönheit der Landschaft und ihres Weines lieben die heutigen Bewohner ihre Heimat so sehr und sind stets heiter und fröhlich.

Paradiesische Aussicht im Ahrtal

Die Weinberge der Ahr

Wollen wir erst einmal die Definition hinter uns bringen?

»Eine LAGE ist eine bestimmte Rebfläche (EINZELLAGE) oder die Zusammenfassung solcher Flächen (GROSSLAGE), aus deren Erträgen gleichwertige Weine gleichartiger Geschmacksrichtung hergestellt zu werden pflegen und die in einer Gemeinde oder in mehrere Gemeinden desselben bestimmten Anbaugebietes gelegen sind.«
(Weinlagengesetz vom 1.6.1970)

Sehr schön. Mit so vielen Worten kann man also so wenig sagen. Im Idealfall sollten Lagen eine Einheitlichkeit haben – müssen sie aber nicht. Und gerade heute, nach der Zusammenlegung vieler kleiner Lagen zu größeren, erst recht nicht mehr. Sprich: Viele Lagen weisen in sich unterschiedliche Böden und unterschiedliche Ausrichtungen zur Sonne auf. Womit ein vereinheitlichender Lagenname eigentlich obsolet ist.

Lagennamen sind meist mehrere Jahrhunderte alt und besonders für Weinhistoriker interessant. Über die Ursprünge der Bezeichnungen streiten sich die Gelehrten allerdings häufig.

Es gibt an der Ahr Namen, die den schiefrigen oder steinigen Boden beschreiben (Alte Lay, Domlay, Dernauer und Bad Neuenahrer Schieferlay, Bachemer Steinkaul), die geografische Lage (Heimersheimer Landskrone, Altenahrer Eck, Heppinger Berg), den Bewuchs (Ahrweiler Rosenthal, Walporzheimer Kräuterberg, Marienthaler Rosenberg, Recher Blume), die wirtschaftliche Nutzung (Ahrweiler und Mayschoßer Silberberg), die Besitzrechte (Heimersheimer und Dernauer Burggarten, Bachemer Herrenberg), vor allem aber viele kirchlich und religiös begründete (Dernauer Pfarrwingert, Marienthaler Stiftsberg, Ahrweiler Ursulinengarten, Mayschoßer Mönchberg, Marienthaler Jesuitengarten, Walporzheimer Pfaffenberg, Walporzheimer Himmelchen,

Vierzig Einzellagen bietet die Ahr

Heimersheimer Kapellenberg, Bad Neuenahrer Kirchtürmchen, Marienthaler Stiftsberg). Grund hierfür ist, dass bis zur Säkularisierung die Kirche größter Grundbesitzer und bedeutendste Wirtschaftsmacht an der Ahr war.

Die amtliche Festlegung der Lagennamen und -grenzen erfolgte Mitte des 19. Jahrhunderts – um die Grundsteuer korrekt erheben zu können. Danach wurde es nach und nach immer üblicher, den Namen der Lage auf dem Etikett zu vermerken – allerdings nur bei Weinen aus Spitzenlagen. Nach dem Weingesetz von 1971 – das damals als das fortschrittlichste der Welt galt – bekam aber jeder Kartoffelacker einen Lagennamen, und der wurde dann auch auf der Flasche abgedruckt, so als stünde er für Qualität. Damit wurde die Bedeutung eines Lagennamens auf der Flasche innerhalb kürzester Zeit sinnentleert.

Nur Frankreich hat noch eins

Weinrechtlich hat die Ahr nur einen Bereich: Walporzheim/Ahrtal. Zum Vergleich: Das Anbaugebiet Mosel-Saar-Ruwer hat fünf. Die nächstkleinere Untergliederung ist die Großlage, aber auch davon hat die Ahr nur eine: den Klosterberg (Mosel-Saar-Ruwer: 19). Eine Großlage ist vor allem für Genossenschaften sinnvoll, da damit Weine verschiedener Einzellagen unter einem einheitlichen Lagennamen verkauft werden können. Eine Großlage auf dem Etikett weist erfahrungsgemäß eher auf mindere denn auf Spitzenqualität hin. Die kleinste Ebene sind schließlich die Einzellagen, von denen es an der Ahr 43 gibt (Mosel-Saar-Ruwer: 525).

Außer Deutschland hat nur Frankreich ein solches traditionsgewachsenes Herkunftsrecht. In anderen Ländern standen Lagen nie derart im Vordergrund. Manche Winzer bezeichnen es als feudal, weil es bestimmten Winzern allein aufgrund des Bodens erhebliche Marktprivilegien einräumt. Gemäß dieser Auffassung bewegt sich Deutschland auf den Feudalismus zu – zumindest im Weinberg.

Plötzlich hat jeder Terroir
Eines der größten Themen der Weinwelt ist zurzeit das »Terroir«. Es bezeichnet den Zusammenklang von Boden, Kleinklima und Winzerkultur (z. B. Weinbergspflege, Kellerarbeit) an einem Ort. Zusammen schaffen sie einen wiedererkennbaren Wein, einen Wein mit echter Identität.

»Großes Gewächs« = Spitzenlage?

Die sechs Ahrtaler Mitglieder des Verbands Deutscher Prädikatsweingüter VDP (siehe S. 107) kennzeichnen ihre trockenen Spitzenweine aus Top-Lagen – die von ihnen selbst zu solchen erklärt wurden – als »Großes Gewächs« (weitere Infos unter www.grossesgewaechs.com). Das erscheint hinsichtlich der Heterogenität der Lagen problematisch. Wünschenswert wäre eine rigide Deklarierung der erstklassigen Parzellen, nur Wein von diesen sollte sich »Großes Gewächs« nennen dürfen. Das wäre ein echter Wurf. Hier könnte die Ahr zum Vorreiter werden. Ebenso geändert werden sollte, dass die Jury zur Verkostung und Anerkennung der Qualitätsbezeichnung »Großes Gewächs« genau aus den Winzern besteht, die die Weine anstellen. Da wird der Bock zum Gärtner gemacht.

Auf der positiven Seite ist zu vermerken, dass die »Großes Gewächs«-Initiative des VDP zu einem Nachdenken über Spitzenlagen, die Bedeutung von Terroir und die Klassifizierung trockener Spitzenweine geführt hat. Zudem ermöglicht sie vielen Winzern, mehr Geld für ihre Weine zu verlangen, und teilweise wird dieser Mehrerlös in qualitätssteigernde Maßnahmen gesteckt.

Mittlerweile ist Terroir vielerorts jedoch zum Marketingschlagwort verkommen. Häufig wird die reine Lage mit Terroir verwechselt. Doch ist diese nur eine von vielen Komponenten bei der Weinherstellung. Die Diskussion über Terroir und Boden hat in Deutschland dazu geführt, dass der VDP begonnen hat, spezielle Lagen herauszustellen (siehe auch S. 87). Die Auswahl gründet sich auf historische Fakten, wie die Besteuerung der Weinberge aufgrund ihrer Qualität, wie auch die Exposition der Lage oder die Bodenbeschaffenheit.

Doch eines ist ganz wichtig im Hinterkopf zu behalten: Ein schlechter Winzer wird auch aus einer großen Lage keinen guten Wein machen, wogegen ein guter Winzer auch aus einer nicht perfekten Lage einen hervorragenden Wein keltern kann. Eine gute Lage macht es den Winzern nur leichter, einen guten Wein zu produzieren. Eine Garantie gibt es nicht, und Weinkenner sind gut beraten, mehr auf den Namen und die Qualität des Winzers zu achten, als auf den Klang einer Spitzenlage.

Spitze ist nicht gleich Spitze

Dazu kommt, dass auch in den Spitzenlagen nicht alles spitze ist. In jedem Weinberg gibt es bessere und schlechtere Parzellen. An der Ahr sind die oberen Bereiche nahe den kühlen Wäldern und die unteren, frostgefährdeten grundsätzlich schlechter. Die Sahnestücke liegen in der Hangmitte. Durch Zusammenlegung ist es an der Ahr zudem dazu gekommen, dass eine Lage, zum Beispiel der Mayschoßer Mönchberg, erstklassige Parzellen, aber auch zweit- und drittklassige beinhaltet. Die Frage ist, ob der Winzer im richtigen Teil der Lage begütert ist. Für den Kunden ist das natürlich schwer nachprüfbar.

Im Folgenden finden Sie eine Auflistung der Spitzenlagen des Tals. Die entscheidenden Faktoren für eine solche Einordnung: Die Lage ist steil (gut für die Sonneneinstrahlung) und nach Süden ausgerichtet (ebenfalls gut für die Sonneneinstrahlung). Die Böden können für eine Einordnung nicht herangezogen werden, wechseln sie doch viel zu schnell innerhalb der Lagen. Von Homogenität sind die Ahrlagen, wie sie zurzeit zugeschnitten sind, weit entfernt. Außer der kleinsten Einzellage der Ahr, der Walporzheimer Gärkammer, die noch dazu in der Hand nur eines Winzers ist, kann keine Lage von sich behaupten, immer herausschmeckbar zu sein – zu unterschiedlich sind die einzelnen Terroirs innerhalb der festgelegten Bereiche.

Die Lagen der Ahr auf einen Blick

	Leitge-meinde	Einzellage	ha	Boden	über NN	Neigung
30.	Ahrweiler	Daubhaus	13,4	mäßig steiniger Löss, Lehm	110 – 160	hängig-steil
29.	Ahrweiler	Forstberg	11,1	Sandsteinlehm und Sandsteinersatz, mäßig steiniger Löss	130 – 200	steil
26.	Ahrweiler	Riegelfeld	6	Löss und Lösslehm, Terrassenkieslehm, schwach steiniger Löss	110 – 170	hängig-steil
28.	Ahrweiler	Rosenthal	20,9	sandiger Lehm	110 – 230	steil
27.	Ahrweiler	Silberberg	14	sandiger Lehm	110 – 240	steil
25.	Ahrweiler	Ursulinen-garten	10,6	Terrassenkieslehm, sandiger Lehm	105 – 200	W
2.	Altenahrer	Eck	9,6	Devon-Schiefer, lehmiger Grauwackeboden	140 – 300	hängig-steil
1.	Altenahrer	Übigberg	1,4	Devon-Schiefer, lehmiger Grauwackeboden, steiniger Löss	160 – 280	hängig-steil
33.	Bachemer	Karlskopf	10,5	Löss und Lösslehm, sandiger Lehm	120 – 200	steil
32.	Bachemer	Sonnen-schein	10,7	Sandsteinlehm und Sandsteinersatz, sandiger Grauwackeboden	120 – 200	steil
31.	Bachemer	Steinkaul	10	Sandsteinlehm und Sandsteinersatz, Terrassenkieslehm, steinige Grauwacke, sandiger Lehm	110 – 160	hängig-steil
10.	Dernauer	Burggarten	29,8	Terrassenkieslehm, lehmiger Steinboden	120 – 200	hängig-steil
9.	Dernauer	Goldkaul	22,7	lehmiger Steinboden	120 – 230	hängig-steil
13.	Dernauer	Hardtberg	30	Sandsteinlehm und Sandsteinersatz, lehmiger Steinboden, Löss	120 – 240	hängig-steil

Exposition	Rebsorten	Winzer
S-SO	Spätburgunder	Gebr. Bertram, Deutzerhof, Winzergenossenschaft Mayschoß-Altenahr
S-SW	Spätburgunder	Sermann-Kreuzberg
N	Spätburgunder	Meyer-Näkel
SO-S-SW	Spätburgunder	J.J. Adeneuer, Josef Becker, Coels, Förster-hof, Heiner & Kreuzberg, Jean Stodden, Kreuzberg, Sermann-Kreuzberg, Dagernova, Peter Kriechel, Maibachfarm, Klosterhof, St. Nepomuk
S-SW	Spätburgunder	Heiner & Kreuzberg, Kreuzberg, Paul Schumacher, Klosterhof
W	Frühburgunder, Spätburgunder, Rivaner	Coels, Ernst Sebastian
S-SSW	Riesling, Spätburgunder	Deutzerhof, Sermann-Kreuzberg, WG Mayschoß-Altenahr
S-SW	Weißburgunder	Sermann-Kreuzberg,
N	Frühburgunder	Kurth
SW-S	Spätburgunder	Maibachfarm
W-N-O	Spätburgunder, Portugieser, Dornfelder, Frühburgunder	Paul Schumacher
SO-O	Spätburgunder, Portugieser, Kerner, Frühburgunder	Josef Becker, Alfons Hostert, St. Nepomuk,
W-SW	Spätburgunder	O. Schell
SW-SO	Frühburgunder	Gebr. Bertram, Heiner & Kreuzberg, Jean Stodden, H.J. Kreuzberg

Die Lagen der Ahr auf einen Blick

12.	Dernauer	Pfarrwingert	8,8	lehmiger Steinboden	120 – 200	hängig-steil
11.	Dernauer	Schieferlay	20	lehmiger Steinboden	125 – 200	hängig-steil
40.	Ehlinger	Kapellenberg	18	Schieferlehm	100 – 160	hängig-steil
38.	Heimersheimer	Burggarten	14,7	Basalt, schwach steiniger Lehm	90 – 170	hängig-steil
39.	Heimersheimer	Landskrone	14,2	Sandsteinlehm und Sandsteinersatz, Basalt, stark lehmiger Steinboden	90 – 160	steil
37.	Heppinger	Berg	5,4	Sandsteinlehm und Sandsteinersatz, schwach steiniger Lehm	120 – 130	hängig
17.	Marienthaler	Jesuitengarten	7,4	sandiger Lehm	115 – 220	steil
15.	Marienthaler	Klostergarten	10,3	sandiger Lehm, Löss	120 – 240	steil
18.	Marienthaler	Rosenberg	13,6	Sandsteinlehm und Sandsteinersatz, sandiger Lehm	200 – 240	hängig-steil
14.	Marienthaler	Stiftsberg	7,3	Sandsteinlehm und Sandsteinersatz, sandiger Lehm, Löss	150 – 240	hängig-steil
16.	Marienthaler	Trotzenberg	4,8	sandige Grauwacke, Lehm	120 – 210	steil
4.	Mayschosser	Burgberg	28,9	Basalt, Löss und Lösslehm, lehmige Schieferverwitterung	140 – 280	hängig-steil
3.	Mayschosser	Laacherberg	15,5	Devon-Schiefer, lehmige Grauwacke, Löss	140 – 290	hängig-steil
5.	Mayschosser	Mönchberg	60,4	Devon-Schiefer, Löss und Lösslehm, lehmiger Grauwackeboden	140 – 310	hängig-steil
34.	Neuenahrer	Kirchtürmchen	9	Schieferlehm, schwach steiniger Lehm	110 – 180	steil
35.	Neuenahrer	Schieferley	11,8	Lehm, steiniger Löss	100–170	steil

SO-SW	Spätburgunder	Gebr. Bertram, Heiner & Kreuzberg, Meyer-Näkel, Kreuzberg, Dagernova, Erwin Riske, Reinhold Riske, Ernst Sebastian
SSW-OSO	Spätburgunder, Zweigelt	Deutzerhof, Meyer-Näkel, Schlosshof
W	Spätburgunder, Portugieser	Dagernova, Linden
SW-S	Portugieser, Spätburgunder	Burggarten, Nelles, Maibachfarm, Linden
SO	Spätburgunder, Rotberger, Riesling	Burggarten, Deutzerhof, Nelles, Linden
S	Spätburgunder	Jakob Sebastian
S	Spätburgunder	Klosterhof
SO	Spätburgunder	Schlosshof
S-SO	Spätburgunder, Frühburgunder	Dagernova, Peter Kriechel
SO-S	Riesling, Spätburgunder	Brogsitter
S-WSW	Spätburgunder	Försterhof, Heiner & Kreuzberg, Alfons Hostert, Kreuzberg, Paul Schumacher
WSW, WNW, O	Spätburgunder	Sermann-Kreuzberg, Mönchberger Hof
S, SO, SW	Riesling	Deutzerhof
S-W	Riesling, Spätburgunder, Frühburgunder	Bäcker, Deutzerhof, Heiner & Kreuzberg, Paul Schumacher, WG Mayschoß-Altenahr, Mönchberger Hof
S-SW	Frühburgunder, Spätburgunder	Coels, Deutzerhof, Lingen
SSW-SO	Spätburgunder	Deutzerhof, H.J. Kreuzberg, Sonnenberg, Lingen

Die Lagen der Ahr auf einen Blick

36.	Neuen-ahrer	Sonnenberg	23,9	Sandsteinlehm und Sandsteinersatz, sandiger Lehm	100 – 165	hängig-steil
7.	Recher	Blume	13,5	Terrassenkieslehm, lehmiger Steinboden	130 – 180	hängig-steil
8.	Recher	Hardtberg	4,1	Devon-Schiefer, lehmiger Steinboden	130 – 240	hängig-steil
6.	Recher	Herrenberg	17,8	Devon-Schiefer, lehmiger Steinboden	130 – 280	hängig-steil
21.	Walporz-heimer	Alte Lay	5	skelettreicher Lehm	110 – 220	steil
19.	Walporz-heimer	Domlay	9,4	sandiger Lehm	110 – 250	hängig-steil
22.	Walporz-heimer	Gärkammer	0,68	sandiger Lehm	110 – 180	steil
24.	Walporz-heimer	Himmelchen	10,8	Terrassenkieslehm, feinsandiger Lehm	110 – 150	hängig-steil
23.	Walporz-heimer	Kräuterberg	3,7	feinsandiger Lehm	110 – 190	steil
20.	Walporz-heimer	Pfaffenberg	21,5	steiniger Lehm	180 – 260	hängig-steil

32. Die Nummern in der Übersicht stellen die Lagen auf der beigefügten Wanderkarte dar.

S-SO	Spätburgunder, Frühburgunder, Portugieser	J.J. Adeneuer, Meyer-Näkel, Jean Stodden, Kreuzberg, Dagernova, Peter Kriechel, Erwin Riske, Sonnenberg, Lingen
SO	Weißburgunder, Spätburgunder	Bäcker, Josef Becker, St. Nepomuk, Max Schell
SW-W-NW	Spätburgunder, Riesling	Josef Becker, St. Nepomuk,
SSW-SO	Spätburgunder, Riesling, Portugieser	Bäcker, Josef Becker, Deutzerhof, Alfons Hostert, Jean Stodden, Max Schell
SO	Spätburgunder, Portugieser	Brogsitter
S-SO, O	Frühburgunder, Spätburgunder	Maibachfarm, Klosterhof, Burg Adenbach
SSO	Spätburgunder	J.J. Adeneuer
N	Portugieser, Spätburgunder	Bäcker, Coels, Försterhof, Klosterhof
SO	Spätburgunder	Brogsitter, Försterhof, Meyer-Näkel, Paul Schumacher, Dagernova, Peter Kriechel, WG Mayschoß-Altenahr, Klosterhof
S-SO	Frühburgunder	Brogsitter

Quellen:
Bodenarten: Broschüre »Wein & Stein«,
Ahrwein e. V. + Lagenregister, DWI Mainz, 2006
Lagen: www.ahrwein.de, Stand 02.08.2013
ha-Angaben: www.lwk-rlp.de, Stand 02.08.2013
über NN, Neigung und Exposition: Lagenregister,
DWI Mainz, 2006

Die Spitzenlagen der Ahr

Altenahrer Eck

Der Name der westlichsten Ahrspitzenlage geht auf eine mittelalterliche Burgenanlage namens »Ekka« zurück. Sie wurde 1249 geschleift, denn »Ekka« war eine Bedrohung für die um 1100 entstandene Burg Are – sie lag am gleichen Hang und sogar oberhalb dieser. 1714 wurde dann Burg Are zur Ruine, sie ist heute am Rand des Altenahrer Ecks zu finden. Die Lage reicht von der Burg Are bis zur Felspartie Ravenley oberhalb des Altenahrer Ortsteils Reimerzhoven. Der östliche Teil des Altenahrer Ecks ist etwas flacher. Insgesamt ist die Südsüdost-Lage zu 60 % steil und zu 40 % hangig. Sie weist im westlichen Teil vorwiegend Grauwacke auf, im östlichen dagegen mehr Löss und Lösslehm. Insgesamt sind sieben Hektar bestockt, auf einer Höhe von 150 bis 260 Meter. Neben Spätburgunder finden sich im Altenahrer Eck sehr viele Rieslinganlagen, die hier besonders rassige Weine hervorbringen. Das Altenahrer Eck ist als Lage auch deshalb beeindruckend, weil das Tal hier sehr eng ist und die aufwendig zu bearbeitenden Terrassenlagen so steil sind.

Erzeuger bekannter Spitzenweine aus dieser Lage:
Weingut Deutzerhof, Winzergenossenschaft Mayschoß-Altenahr, Weingut Sermann-Kreuzberg

Mayschoßer Mönchberg

In Mayschoß wurde der Fehler begangen, die ehemals sechs Lagen des Ortes zu dreien zusammenzufassen. Dadurch wurden sie noch heterogener. Der Mayschoßer Mönchberg (ihm wurde die Lage Schieferlay einverleibt) ist zu großen Weinen fähig, allerdings finden sich dort heute sogar viertklassige Parzellen, die diesen klangvollen Namen tragen dürfen. Er bezieht sich darauf, dass die Augustinerabtei Klosterrath (bei Aachen) früher im Ort begütert war. Von dieser Abtei ging im Übrigen auch die Grün-

Blick auf Herrenberg

dung des Augustinerinnenklosters in Marienthal aus. Mit 44 Hektar ist die Lage ein wahrer Riese an der Ahr, 75 % sind steil, 25 % hängig, die Ausrichtung reicht von West bis Südost, die Höhe von 140 bis 260 Meter. Im besten Teil der Lage finden sich Steilterrassen, sie wirken wie in den Fels geschlagen. Steinige bis leicht lehmige Schieferverwitterungsböden kennzeichnen alle Böden des Mönchbergs.

Erzeuger bekannter Spitzenweine aus dieser Lage:
Weingut Deutzerhof, Winzergenossenschaft Mayschoß-Altenahr

Recher Herrenberg

Der Name der Lage weist auf seine ehemaligen Besitzer hin, die Herren von Saffenburg. Sie herrschten über Dernau, Laach, Mayschoß und Teile Marienthals. Heute erinnert neben dieser Spitzenlage die Ruine der Saffenburg in Mayschoß an die ehemals Mächtigen. Die Lage ist zu 80 % steil und zu 20 % hängig. Sie weist zwei Hauptbodentypen auf, nämlich schwach steinigen Löss und Lösslehm, die wuchtige Weine ergeben, sowie Grauwacke, die finessenreichere Weine erbringt. Zudem finden sich sogenannte aufgefüllte Böden, auf denen Weine erzeugt werden können, die geschmacklich zwischen den beiden Haupttypen liegen. Der Herrenberg liegt unterhalb der Felspartie des Schwedenkopfes. Der südliche Teil der Lage ist terrassenartig angelegt, der Ostteil ist flurbereinigt. Die siebzehn Hektar große Lage liegt auf 130 bis 260 Meter und hat durch das Weingut Jean Stodden deutschlandweit Ruhm erlangt. Eine Parzelle des Weingutes ist hier noch mit wurzelechten Spätburgunderanlagen bepflanzt, die vor 1940 und Anfang der 1950er Jahre gepflanzt wurden. Eine andere Lage des Ortes, der westlich ausgerichtete Recher Hardtberg, ist für seinen ungewöhnlich hohen Rieslinganteil bekannt.

Erzeuger bekannter Spitzenweine aus dieser Lage:
Weingut Christoph Bäcker, Weingut Maibachfarm, Weingut Jean Stodden

Dernauer Pfarrwingert

Der Pfarrwingert gilt als eine der absoluten Top-Lagen des Tals. Vor allem Starwinzer Werner Näkel hat ihn deutschlandweit bekannt gemacht, kamen seine besten trockenen Spätburgunder doch lange Jahre von hier. Der Name verweist darauf, dass die Pfarrgemeinde des Ortes in dieser Weinbergslage Besitz hatte – die Kirche wusste zweifellos, was gut ist. Die reine Südlage ist zu 90 % steil und zu 10 % hängig auf einer Höhe von 125 bis 220 Meter. Der neun Hektar große Pfarrwingert weist vor allem steinige Grauwacke-Verwitterungsböden auf, die zu besonders duftig-würzigen Weinen führen. Wer einen Tag vor Ort ist, kann verfolgen, wie die Sonne vom frühen Morgen bis zum späten Nachmittag diese Lage mit ihren Strahlen verwöhnt. Eine perfekte Heimat für große Burgunder.

Erzeuger bekannter Spitzenweine aus dieser Lage:
Weingut H.J. Kreuzberg, Weingut Meyer-Näkel, Weingut Reinhold Riske

Die Spitzenlage Dernauer Pfarrwingert wurde vom Weingut Meyer-Näkel berühmt gemacht.

Ahrweiler Weinberge

Marienthaler Trotzenberg

In dieser Weinbergslage fand sich früher einmal eine kleine Trut-
zen- beziehungsweise Trotzenburg. Sie wurde erbaut, um den
Grafen von Saffenburg die Grenzen des kurkölnischen Gebietes
klar zu machen. Eine steinerne Machtdemonstration also – von
der heute keine Überreste mehr existieren. Die hundertprozentige
Steillage Trotzenberg weist vorwiegend Grauwacke auf, im unteren Teil Gehängelehm und ein wenig Lösslehm. Sie ist südsüdwestlich ausgerichtet und kommt einem Parabolspiegel gleich,
dessen Brennpunkt nach Südwesten zeigt. Die auf sieben Hektar
bestockte Lage liegt 120 bis 200 Meter hoch und erbringt im oberen Bereich kräftige, im unteren eher füllige Weine. Ungewöhnlich
und völlig Ahr-untypisch ist die Lage »Rosenberg«, liegt sie doch
auf einem 200 bis 250 Meter hohen Plateau, auf dem Terrassen-
lehm und Löss vorherrschen.

Erzeuger bekannter Spitzenweine aus dieser Lage:
Sermann-Kreuzberg, Paul Schumacher

Walporzheimer Domlay

Die Domlay eröffnet von Westen den Reigen der Walporzheimer
Spitzenlagen. Sie ist neun Hektar groß und liegt auf 110 bis 250
Meter. Die Ausrichtung variiert stark von Westen bis Südost. Der
Namensteil »Lay« ist auf den felsigen Grauwackeboden zurück-
zuführen, der »Dom« im Namen verweist auf kirchlichen Besitz.
Die Lage ist, was ihre Steilheit angeht, sehr heterogen: 75 % sind
steil, 15 % hängig, 10 % flach (mit sandigem Lehmboden). Die

Terrassen der Domlay beginnen direkt hinter der »Bunten Kuh«. Doch auch auf der anderen Seite der Ahr erstreckt sich ein Teil der Lage bis ins Heckenbachtal hinein. Als erstklassig kann nur der Steillagenteil angesehen werden. Die Domlay-Weine sind bekannt für ihre feine Frucht.

Erzeuger bekannter Spitzenweine aus dieser Lage:
Weingut Maibachfarm

Walporzheimer Pfaffenberg

Auch der Name dieser Lage verweist auf kirchlichen Besitz. Der Pfaffenberg ist sozusagen der »Deckel« auf den Lagen Domlay, Alte Lay, Kräuterberg und Gärkammer. 70 % der südsüdwestlich ausgerichteten Lage sind steil, 30 % hängig. Im steilen Teil haben vor allem rote Rebsorten eine Heimat gefunden, im hängigen sind es mehr die weißen. Der Pfaffenberg liegt relativ hoch auf 180 bis 260 Meter, ist achtzehn Hektar groß und damit nach der Flachlage Walporzheimer Himmelchen die größte in Walporzheim. Der Boden weist vorwiegend steinigen Lehm und Grauwackeverwitterung auf. In seiner Gänze ist der Pfaffenberg zusammen mit der Domlay qualitativ als »schwächste« der fünf Walporzheimer Spitzenlagen einzuordnen.

Erzeuger bekannter Spitzenweine aus dieser Lage:
Brogsitter Weingüter, Weingut Maibachfarm

Walporzheimer Alte Lay

Auch die Walporzheimer Alte Lay ist eine Lage, die ihren Namen dem felsigen Boden verdankt. Ein mächtiger Felsvorsprung ist ihr markantestes Merkmal. Die hundertprozentige Steillage ist nach Südsüdost ausgerichtet und liegt auf 110 bis 180 Meter. Die fünf Hektar große Alte Lay ist bekannt für stoffige Weine. Hier stehen auch noch relativ viele Portugieserrebstöcke. Die Lage grenzt im Osten an den Kräuterberg und geht im Westen in die Domlay über. Der steinige Schieferverwitterungsboden weist hauptsächlich Grauwacke auf.

Erzeuger bekannter Spitzenweine aus dieser Lage:
Brogsitter Weingüter

Walporzheimer Gärkammer

Die Walporzheimer Gärkammer ist die wohl ungewöhnlichste Lage der Ahr. Zum einen ist sie die kleinste des Gebiets, zum anderen befindet sie sich im Alleinbesitz des Ahrweiler Weingutes J.J. Adeneuer. Der Name bezieht sich auf das hitzige Kleinklima der nur 0,68 Hektar großen Lage. Wie im Recher Herrenberg findet sich auch hier noch ein Teil mit wurzelechten Rebstöcken. Die Gärkammer hat Traumdaten: Reine Südlage, reine Steillage, Schieferverwitterungsböden mit Gehängelehm. Links und rechts wird die Gärkammer vom Kräuterberg eingefasst, oberhalb vom Pfaffenberg. Markant beim Anblick der Lage ist die von einem Steinbruch herrührende Abbruchkante im oberen Teil. Auf 110 bis 180 Meter Höhe stehen hier ausschließlich Spätburgunderrebstöcke. Der aus dieser Lage erzeugte Wein gehört in jedem Jahr zu den herausragenden der Ahr, ist ausgesprochen reintönig, stets nach Gewürzen duftend und sehr fruchtbetont. Er gilt – auch dank der Philosophie der Erzeuger – als besonders typischer Ahrspitzenwein.

Erzeuger bekannter Spitzenweine aus dieser Lage:
Weingut J.J. Adeneuer

Walporzheimer Kräuterberg
Der Kräuterberg umschließt die Gärkammer von Osten und Westen. Der Name der nur drei Hektar großen Südsüdost-Lage deutet auf einen Bewuchs mit Wildkräutern hin. Der Spätburgunder – mit ihm sind 90 % der Lage bestockt – aus den reinen Südparzellen des Kräuterbergs kann zu den größten der Ahr gehören. Die hundertprozentige Steillage liegt auf 110 bis 180 Meter. Der Kräuterberg weist Schieferverwitterungsböden (vorwiegend Grauwacke) und steinigen, feinsandigen Lehm auf.

Erzeuger bekannter Spitzenweine aus dieser Lage:
Weinmanufaktur Dagernova, Weingut Peter Kriechel, Weingut Maibachfarm, Winzergenossenschaft Mayschoß-Altenahr, Weingut Meyer-Näkel

Ahrweiler Silberberg
Die Lage Silberberg ist sehr einfach zu finden, liegt zu ihren Füßen doch die in ein Museum verwandelte Römervilla (siehe S. 75). Bei deren Ausgrabung kamen auch Schmelzöfen zu Tage, die den Abbau von Silbererz bestätigen, wodurch der Name von Berg und Lage geklärt ist. Zuvor war spekuliert worden, dass die Bezeichnung auch auf einen Bewuchs mit Salbei (mundartlich: »Selber«) hinweisen könnte. Die hundertprozentige Steillage ist südsüdwestlich ausgerichtet und liegt auf einer Höhe von 110 bis 180 Meter. Rund dreihzehn Hektar sind zur Zeit bestockt. Der Boden weist überwiegend Grauwacke auf (vor allem am Hangfuß), aber auch Gehängelehm und nur partiell Schiefer und Löss. Die Weine sind mit denen der Lage Rosenthal vergleichbar, weisen jedoch in der Regel etwas weniger Körper auf. Durch die

Bildet geografisch den Übergang der Ahrweiler zu den Neuenahrer Lagen: die Lage Ahrweiler Daubhaus.

unterschiedlichen Bodentypen können sie feinfruchtig oder aber auch füllig ausfallen.

Erzeuger bekannter Spitzenweine aus dieser Lage:
Brogsitter Weingüter, Weingut H.J. Kreuzberg, Weingut Klosterhof

Ahrweiler Rosenthal

Der Rosenthal ist mit zwanzig Hektar nicht nur die größte Lage Ahrweilers, er gilt auch als absolute Spitzenlage der Stadt. Der Name (früher: Rosendaly) bezeichnet vermutlich ein Tal, in dem die Leprakranken ihren letzten Platz fanden. Ein Siechenhaus stand jedenfalls am unteren Ende der Adenbach. Fließendes Wasser war zur Behandlung dieser Krankheit erforderlich. Auch in anderen Gebieten wird der Name Rosenthal oft entsprechend hergeleitet (Rosen wegen Leprosen). Der Rosenthal liegt direkt gegenüber der Ahrweiler Altstadt. Die hohen Stützmauern der Umgehungsstraße prägen sein Erscheinungsbild, ebenso die Brückenpfeiler einer nie fertiggestellten Bahnlinie. Sie sollte Liblar mit Trier verbinden, ihr Bau wurde aber bei Ausbruch des Ersten Weltkriegs unterbrochen und 1924 endgültig eingestellt. Heute werden die Pfeiler als Klettermöglichkeit genutzt (www.seilpark.de). Der Boden ist vielfältig: Grauwacke im östlichen Teil, Gehängelehm im oberen Bereich, Löss in der westlichen Hälfte, außerdem Lösslehm und Schiefer. Die hundertprozentige Steillage ist südwest-südöstlich ausgerichtet und liegt auf 110 bis 180 Meter. So vielfältig wie die Böden sind auch die hier gewachsenen Weine, von feinfruchtig bis wuchtig.

Erzeuger bekannter Spitzenweine aus dieser Lage:
Weingut J.J. Adeneuer, Winzergenossenschaft Mayschoß-Altenahr, Weingut Jean Stodden

Der Neuenahrer Sonnenberg ist in seinen Kernstücken eine
reine Südlage – und damit der Sonne zugewandt.

Ahrweiler Daubhaus

Die Ahrweiler Spitzenlage Daubhaus ist ein Musterbeispiel für
die schwierige Herleitung von Weinbergsnamen. Eine Möglichkeit ist hier, dass Daubhaus auf ein Taubenhaus hinweist, das
dort früher einmal gestanden hat. Es könnte sich aber auch um
ein Wachhaus in Form eines solchen gehandelt haben. Dann
gibt es die Theorie, in der Daubhaus von »Dubhus« stammt,
was als »taub« im Sinne von öde und dürr verstanden werden
kann – also ohne landwirtschaftlichen Ertrag, das heißt, bevor
hier Rebstöcke gepflanzt wurden. »Dubhus« könnte aber auch
bedeuten, dass in der Nähe der Lage Dauben produziert wurden,
die zur Herstellung von Weinfässern gebraucht werden. Geografisch bildet die Lage Daubhaus den Übergang der Ahrweiler zu
den Neuenahrer Lagen. Das bedeutet: Die Neigung des Hanges
(80 % steil, 20 % hangig) wird im Verlauf flacher, und die Böden
werden »schwerer«. Vorwiegend weisen sie Lösslehm, teilweise
aber auch Grauwacke auf. Die Lage ist südsüdöstlich ausgerichtet. Die auf 100 bis 160 Meter gelegenen dreizehn Hektar erbringen füllig-kräftige Weine.

Erzeuger bekannter Spitzenweine aus dieser Lage:
Weingut Maibachfarm

Bad Neuenahrer Schieferley

»Ley« bezeichnet den Bodentyp dieser Neuenahrer Spitzenlage.
Denn mundartlich steht »Lai« für den vor Ort in den Hängen an-

zutreffenden Devon-Schiefer. Am prominentesten ist der Begriff wohl in der LoreLEY des Mittelrheintals vertreten. Die auf 100 bis 150 Meter liegende Lage Schieferley hat eine südliche Hauptausrichtung, ist aber durch Seitentäler mit westlicher beziehungsweise östlicher Ausrichtung eingegrenzt. Drei Boden-typen sind auf den zwölf Hektar der hundertprozentigen Steillage Schieferley zu finden: Grauwacke bis Grauwackeschiefer, Gehängelehm sowie Löss und Lösslehm – genau wie in der benachbarten Lage Sonnenberg. Die Bodenarten lassen sich durch einen Lösshohl-

Neuenahrer Kirchtürmchen: Großer Wein von »kleiner« Lage

Obwohl vom Verband Deutscher Prädikatsweingüter (siehe S. 163) den Lagen für die Weinklasse »Großes Gewächs« zugeordnet, ist die vom Autobahnzubringer durchschnittene Steillage mit vier verschiedenen Bodenarten kein wirkliches Prachtstück. Trotzdem erntet der Deutzerhof einen der besten Weine des Tales genau hier – von einer sehr gut gepflegten Parzelle aus den 1970er Jahren. Ein Spitzenwinzer kann aus einem suboptimalen Flecken Erde Großes keltern – ein Winzer mit einem weniger fähigen Händchen scheitert dagegen selbst bei der Sahneparzelle einer Spitzenlage.

Erzeuger bekannter Spitzenweine aus dieser Lage:

Weingut Deutzerhof, Winzergenossenschaft Mayschoß-Altenahr

Das Neuenahrer Kirchtürmchen beweist: der Winzer ist genauso wichtig wie die Lage.

weg (siehe auch S. 63) erkennen, der die Lage in einigen Parzellen kreuzt.

Erzeuger bekannter Spitzenweine aus dieser Lage:
Weingut H.J. Kreuzberg, Weingut Sonnenberg

Bad Neuenahrer Sonnenberg

Der Sonnenberg ist in den Kernstücken eine reine Südlage und der Sonne darum komplett zugeneigt – daher sein Name. Er beinhaltet heute aber auch mehrere qualitativ minderwertige Seitentäler, die nach Westen oder Osten ausgerichtet sind. Trotzdem gilt der Sonnenberg als absolute Spitzenlage Neuenahrs. Er ist weitgehend flurbereinigt, doch das Weingut Sonnenberg (siehe S. 164) hat sich einiger denkmalgeschützter Terrassen angenommen und erhält diese. Die sechsundzwanzig Hektar der Lage befinden sich auf 100 bis 150 Meter und ergeben gehaltvolle, wuchtige Weine. 95 % des Sonnenbergs sind steil, 5 % hangig. Es gibt drei Bodentypen: skelettreiche Grauwacke bis Grauwackeschiefer, Gehängelehm sowie Löss und Lösslehm. Der Bodenaufbau des Sonnenbergs lässt sich wunderbar an einer bis zu fünf Meter hohen Abbruchkante im unteren Bereich ersehen.

Erzeuger bekannter Spitzenweine aus dieser Lage:
Weingut J.J. Adeneuer, Weingut Burggarten, Weingut H.J. Kreuzberg, Weingut Peter Kriechel, Weingut Peter Lingen, Weingut Meyer-Näkel, Weingut Sonnenberg, Weingut Jean Stodden

Heppinger / Heimersheimer Burggarten

Diese Lage gehörte früher zum Besitz des Burgherrn der Landskrone. An den Hängen des gleichnamigen Vulkankegels breitet sich der Großteil der Lage aus. Philipp von Schwaben soll im Jahr 1206 »Dies ist des Landes Kron!« gesagt haben, als er den berühmten Ahrtaler Vulkankegel erstmalig sah. Er ließ darauf eine Burg erbauen, die heute noch als Ruine erhalten ist. Ein weiterer Teil umschließt die Lage Heppinger Berg. Die besten Parzellen sind jedoch die steilen Stücke unterhalb der Landskrone, die den ungewöhnlichen Basaltboden aufweisen. Besonders beim Riesling kann dieser deutlich schmeckbar sein. Die Lage Burggarten ist nach Südwesten bis Südosten ausgerichtet, zu 85 % steil und zu 15 % hängig. Auf 80 bis 200 Meter liegen die vierzehn Hektar der Lage, die sich aus sehr unterschiedlichen Böden zusammensetzen. Neben den an der Ahr seltenen basaltischen Böden finden sich Grauwacke sowie Gehänge- und Lösslehm.

Erzeuger bekannter Spitzenweine aus dieser Lage:
Weingut Burggarten

Heimersheimer Landskrone

Die östlichste Spitzenlage der Ahr befindet sich trotz ihres Namens kurioserweise nicht unter der Landskrone – dort findet man die Lage Burggarten –, sondern östlich daran anschließend. Die hundertprozentige Steillage ist südwestlich bis südöstlich ausgerichtet. Von der Ahrmündung trennen sie nur noch die Bodendorfer Obstwiesen. Die Lage wird zum einen durch den Ort Lohrsdorf, zum anderen durch ein Tal unterbrochen. Gegenüber der Ortschaft Heimersheim, über einem denkmalgeschützten Weinberghaus, findet sich das steile Filetstück der Lage. In der Landskrone, die 80 bis 170 Meter hoch liegt, sind zurzeit sechzehn Hektar bestockt. Grauwacke und Grauwackenschiefer, Hanglöss und Hanglehm prägen den Boden. Leider stören unschöne Betonmauern aus der Zeit der Flurbereinigung den Gesamteindruck.

Erzeuger bekannter Spitzenweine aus dieser Lage:

Weingut Deutzerhof, Weingut Nelles

Kreissparkasse
Ahrweiler

AHR
WEIN
DES JAHRES
2013

Die besten Weine der Ahr

Mit dem Wettbewerb »Ahrwein des Jahres« präsentieren alljährlich die Weingüter des Anbaugebietes Ahr ihre besten Erzeugnisse in drei verschiedenen Kategorien. Eine sehr renommierte Jury, bestehend aus Sommeliers, Weinhändlern,

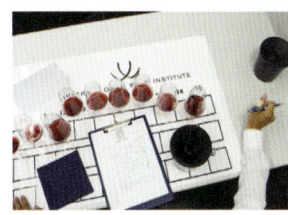
Tester bei der Blindprobe

Journalisten und Masters of Wine, bewerten die Spätburgunder und Frühburgunder in den Klassen: Spätburgunder von großem internationalem Format in der Kategorie »Kultwein«, exzellente Spätburgunder mit höchster Qualität in der Kategorie »Premiumweine« und Spätburgunder mit hoher Qualität und optimalem Preis-Genuss-Verhältnis in der Kategorie »Klassiker«.

Der Weinpreis wird vom »International Wine Institute«, IWI, und von der Kreissparkasse Ahrweiler durchgeführt und ist vom Land Rheinland-Pfalz anerkannt.

Die Sieger des Wettbewerbs 2013 waren:

Winzer Alexander Stodden mit Urkunde

Das Team vom Weingut Burggarten räumte beim Wettbewerb ab.

Sieger in der Kategorie »Kultweine«:

2010 Heimersheimer Burggarten
Spätburgunder »R«, Qualitätswein trocken
Weingut Burggarten, Heimersheim

Begründung der Jury:
Der Aufstieg in die Königsklasse der Spitzenweingüter an der Ahr hat schon vor mehr als zehn Jahren begonnen. Was die Familie Schäfer an Kraft und Dynamik in Weingut und Weinquartier investiert, zahlt sich nun endlich aus. Wie sonst hätten ein 2010er und ein 2011er Spätburgunder »R« die ersten beiden Plätze in der höchsten Kategorie des Weinpreises belegen können. Der Siegerwein zeigt das riesige Potenzial eines konzentrierten Ahr-Spätburgunders von größter Güte: druckvoll, spannungsreich und mit sagenumwobener saftiger Länge.

Zweiter Sieger:
2011 Heimersheimer Burggarten
Spätburgunder »R« Qualitätswein trocken
Weingut Burggarten, Heppingen

Dritter Sieger:
2011 Walporzheimer Kräuterberg
Spätburgunder Auslese trocken
Weingut Peter Kriechel, Walporzheim

Siegerwein »Ahrwein des Jahres 2013« in der Kategorie »Premium-weine«

2011 Mayschoßer Mönchberg
Spätburgunder Auslese trocken
Jungwinzer der Winzergenossenschaft Mayschoß

Die Jungwinzer der ältesten Winzergenossenschaft Deutschlands
(Mayschoß)

Begründung der Jury:
Deutschlands älteste Winzergenossenschaft Mayschoß-Alten-ahr kann stolz auf ihren Nachwuchs sein! Die eigene Jungwinzergruppe hat sich im Jahr 2003 gegründet und ist heute mit elf Mitgliedern aktiv. Anfangs wurde nur ein Spätburgunder trocken ausgebaut. Mittlerweile umfasst die eigene Weinlinie unter dem Namen »Edition J« neben dem Siegerwein einen RieslingSecco und einen Riesling feinherb. Betreut und beraten wird die Jungwinzergruppe von Rolf Münster, einem der erfahrensten Kellermeister im Tal.

Zweiter Sieger:
2010 »1Ahr«
Spätburgunder Qualitätswein
Weingut Nelles, Heimersheim

Dritter Sieger:
2011 Ahr Spätburgunder »Ad Aram«
Qualitätswein trocken
Brogsitter Weingüter – Privat-Sektkellerei –
Exklusiv-Importe GmbH, Grafschaft-Gelsdorf

Alteingesessener Traditionsbetrieb: Peter Lingen

Siegerwein »Ahrwein des Jahres 2013« in der Kategorie »Klassiker«

2011 »Evolution«
Spätburgunder Qualitätswein trocken
Weingut Peter Lingen, Bad Neuenahr

Begründung der Jury:
Hans-Peter Lingen und seine Frau Tanja übernahmen das Weingut 1987 vom Senior Peter-Josef. Der Winzermeister versteht es, Weine mit einer klaren Frucht und typischer Ahr-Spätburgunder-Stilistik herzustellen. Sein Spätburgunder ist zu 100 % spontan vergoren und in Holzfässern ausgebaut. Hans-Peter Lingen zeigt mit dem Siegerwein deutlich auf, dass Frucht, Substanz und Nachhaltigkeit ein perfektes Genuss-Preis-Verhältnis haben können.

Zweiter Sieger:
2011 Ahr Spätburgunder Classic
Qualitätswein
Winzerhof Körtgen, Ahrweiler

Dritter Sieger:
2011 Spätburgunder »Vulkangestein«
Qualitätswein trocken
Weingut Burggarten, Heppingen

Sonderpreis in der Kategorie
»Bester Frühburgunder«

2009 Neuenahrer Sonnenberg
Frühburgunder Qualitätswein trocken
Weingut Burggarten, Heppingen

Begründung der Jury:
Um den Nachwuchs brauchen sich Paul-Josef und Gitta Schäfer keine Sorgen zu machen. Mit Andreas, Michael und Heiko sind die Zeichen des Weingutes ganz auf Erfolg gestellt. Die Schäfers mögen die Diva »Frühburgunder« und wissen den richtigen Umgang der regionaltypischen Sorte zu pflegen. Der Siegerwein verfügt über einen feinfruchtigen Geschmack nach getrockneten Beeren. Die sehr gut eingebundene Gerbstoffstruktur verleiht ihm seinen schokoladigen Gusto.

Weitere Top 3-Weine:
2011 Walporzheimer Pfaffenberg »Hommage«
Frühburgunder Qualitätswein trocken
Brogsitter Weingüter – Privat-Sektkellerei –
Exklusiv-Importe GmbH, Grafschaft-Gelsdorf

Auch beim Frühburgunder erfolgreich: das Weingut Burggarten

2009 Marienthaler Rosenberg
Frühburgunder Qualitätswein trocken
Weingut Peter Kriechel, Walporzheim

Sonderpreis in der Kategorie »Bester Blanc de Noirs«

2012 »Illusion« Blanc de Noirs
Spätburgunder Qualitätswein
Weingut Meyer-Näkel

Begründung der Jury:
Werner Näkel und seine Töchter Dörte und Meike gehören mit ihren Weinen in Deutschland zu den Top-Erzeugern. Kaum ein Weingut an der Ahr hat national und international eine solche Reputation. Der 2012er »Illusion« zeigt sich nuancenreich, mit einem Aromenspiel von Birne, Apfel, gelbem Pfirsich, Brioche und einer eleganten Mineralität. Es ist ein knackig frischer und unkomplizierter Trinkgenuss auf höchstem Niveau. Einmal mehr zeigt sich, dass die Familie Näkel nicht nur
sehr gute Rotweine machen kann.

Weitere Top 3-Weine:
2012 »Phänomen« Spätburgunder Blanc de Noirs
Qualitätswein trocken
Weingut St. Nepomuk, Rech

Altmeister Werner Näkel mit Frau Claudia, und seinen Töchtern Meike (ganz links) und Dörte (zweite von links).

2012 Ahr Spätburgunder Blanc de Noirs
Qualitätswein trocken
Dagernova Weinmanufaktur, Bad Neuenahr

Sonderpreis in der Kategorie »Bester gereifter Spätburgunder«

Alexander Stodden gilt vielen zur Zeit als bester Winzer des Tals.

2006 Spätburgunder »Lange Goldkapsel« Qualitätswein Weingut Jean Stodden

Begründung der Jury: Alexander Stodden war noch nie ein Verfechter des sanften Spätburgundertyps. Seine Handschrift ähnelt der der großen Winzer in der Côte de Nuits im Burgund. Die gnadenlose Reduzierung der Trauben am Rebstock und eine Reifung des Jungweines von fünfzehn Monaten in neuen Barriquefässern sorgen für gerbstoffreiche und langlebige Elixiere. Der Stoff, aus dem die »Lange Goldkapsel« besteht, ist kraftvoll, von der Frucht geprägt und enorm jugendlich. Substanzreicher kann ein Wein kaum sein! Wen wundert es, dass auch große Weinführer und Weinmagazine diesen Wein als besonders wertvoll einstufen.

Weitere Top 3-Weine:
2008 Spätburgunder »R«
Qualitätswein trocken
Weingut Burggarten, Heppingen

2008 »Devonschiefer R«
Spätburgunder Qualitätswein
Weingut H.J. Kreuzberg, Dernau

Die besten
Weingüter der Ahr

 steht für Top Ten-Weingüter

 steht für Weingüter, die auch Gästezimmer anbieten

 steht für Weingüter mit Straußwirtschaft

 steht für Weine mit sehr gutem Preis-Genuss-Verhältnis

Winzer-Gästezimmer können sehr luxuriös ausfallen
(Weingut Burggarten).

A

»Verein der Türme«
Ahrweiler Winzerverein
Walporzheimer Str. 19
53474 Ahrweiler
Tel. 02641/34376
www.ahrweiler-winzerverein.de
Öffnungszeiten: Mo-Fr 8-18 Uhr, Sa/So/Feiertags 10-18 Uhr
(Mai-Oktober), 10-12 und 13-17 Uhr (November bis April)
Beste Lagen: Ahrweiler Rosenthal, Ahrweiler Daubhaus,
Ahrweiler Klosterberg

In direkter Nähe des Museums Römervilla liegt die kleinste Genossenschaft des Ahrtals. Der Ahrweiler Winzerverein bewirtschaftet mit seinen rund 80 Winzern knapp 25 Hektar Rebfläche. Die Geschichte der Genossenschaft beginnt im Jahr 1847, und wer sich für Weinbauhistorie interessiert, ist hier genau richtig. Denn mit dem AhrWeinForum (siehe Seite 209) findet sich eines der drei Ahrtaler Weinmuseen im Gebäudekomplex des Winzervereins. Zudem lohnt ein Blick in den alten Gewölbekeller.

Zu 85 % werden rote Trauben aus ökologischem wie konventionellem Anbau verarbeitet. Mit einem Anteil von nur 55 % liegt die Ahrweiler Genossenschaft bei den trockenen Weinen am unteren Ende der Skala, 30 % werden halbtrocken, 15 % lieblich ausgebaut. Der Rebsortenspiegel weist Spätburgunder, Frühburgunder, Portugieser, Dornfelder, Rotberger, Riesling und Müller-Thurgau auf. Der beste rote Barrique-Wein heißt »Roter Turm«, der beste Weißwein »Weißer Turm«. Die Weinstube der Genossen nennt

Das hufeisenförmige Domizil der Ahrweiler Genossen.

sich »Am Kautenturm«. Dieser
stand früher dort, wo sich heute
der Winzerverein befindet.

Als ich vor Jahren die ersten Gehversuche des Winzervereins in
Sachen Barrique aus dem Fass
probierte, kam es mir vor wie der
sprichwörtliche Schlag mit der
Holzkeule. Aber Geschäftsführer

Die »Blaue Stube«

und Kellermeister Edgar Bertram hat an der Qualitätsschraube
gedreht und ein Händchen für das kleine Fass entwickelt. Neben dem »Roten Turm« ist ein balsamischer Barrique-Frühbur-
gunder der Star des Sortiments. Weißweine und Weißherbste
werden kalt vergoren, und aus der eigenen Brennerei gibt es ein
ganzes Arsenal an Bränden.

Der besondere Tipp:
Der Ahrweiler Winzerverein bietet einige Barrique-Weine an, darunter nicht nur den Spätburgunder »Roter Turm«, sondern auch
Portugieser, Frühburgunder und Regent, die hier sehr überzeu-
gend ausfallen können.

»Rote Gesinnung – nicht politisch!«
Weingut J.J. Adeneuer
Max-Planck-Str. 8
53474 Bad Neuenahr-Ahrweiler
Tel. 02641/34473
www.adeneuer.de
Öffnungszeiten: Mo – Fr 9 – 12 Uhr und 13.30 – 18 Uhr,
Samstags: 10 – 15 Uhr
Beste Lagen: Walporzheimer Gärkammer (23),
Ahrweiler Rosenthal (28), Neuenahrer Sonnenberg (38)

Berühmt ist das Weingut Adeneuer für eine Kleinigkeit:
die Lage Walporzheimer Gärkammer, mit 0,68 Hektar
die kleinste Einzellage der Ahr, womöglich Deutschlands, vielleicht sogar Europas. In dem nicht flurbereinigten Weinberg finden sich sogar zwanzig Ar mit wurzelechten
Rebstöcken.

Insgesamt besitzen die Brüder Frank (Weinberg & Keller) und
Marc Adeneuer (Verkauf), die das Gut 1984 übernahmen, eine

Weinbergsfläche von 8,7 Hektar. »Feinheit ist die Stärke des Gebiets, diese gilt es herauszukitzeln«, sagt Marc Adeneuer – und diesen Ansatz schmeckt man in den vielleicht schmeichlerischsten Weinen des Tals, die häufig reife Erdbeernoten bei den klassisch ausgebauten Weinen und feine Mokka-Tannine bei den trotzdem charmant-leicht und floral wirkenden Barrique-Kreszenzen bieten.

Seit dem Jahrgang 2003 reifen alle Spitzenweine achtzehn Monate in Barriques, wodurch langlebigere Tannine entstehen. »Wir brauchen einen Imagewechsel«, sagt Marc Adeneuer zur Begründung dieses Schritts, »viele Ahrweine altern zu schnell.« Seine Weinphilosophie sieht vor, das Terroir und den besonderen Schiefercharakter zu erhalten. Nur rote Rebsorten hat das Gut gepflanzt, edelsüße Weine gibt es nicht, filtriert wird wenig und Mostkonzentration bezeichnet der energische Marc Adeneuer als »größtes Verbrechen«. Alle Weine werden mit eigenen Hefen vergoren (außer Portugieser und Blanc de Noirs), 90 % werden trocken ausgebaut. Die Barriques fassen 300 Liter, sind ausschließlich aus französischer Allier-Eiche und mittel oder stark getoastet. Drei beliebte Cuvées haben die Adeneuers im Angebot: Die »Cuvées J.J. Adeneuer«, der Spätburgunder »No. 2« (stammt meist aus Hang- und Steillagen und muss mindestens 90 °C Öchsle Mostgewicht aufweisen), die Trauben für den »No.1« schließlich kommen meist aus den Lagen Rosenthal und Daubhaus – 110 °C Öchsle sind hier ein Muss. Der Blanc de Noirs und ein Weißburgunder sind die einzigen hellen Weine im erstklassigen Sortiment des Weingutes.

500 Jahre ist der Weinbau bereits in der Familie, das Qualitätsstreben der Brüder Adeneuer wird dazu führen, dass noch einige dazukommen.

Die Brüder Frank (l.) und Marc Adeneuer in ihrem Fasskeller – ausnahmsweise mal gemütlich sitzend.

Das »Weiße Haus« der Adeneuers

②①③

Der besondere Tipp:
Der J.J. Adeneuer Spätburgunder Qualitätswein trocken ist jedes Jahr eine richtig gute Wahl und zeigt den feinen Stil des Weingutes auf fruchtbetonte Art. Einer der besten Weine seiner Preisklasse im Tal!

B

»Ökologischer Pionier«
Weingut Christoph Bäcker
Walporzheimer Str. 90
53474 Walporzheim
Tel. 02641/359192
www.weingutbaecker.de
Öffnungszeiten: Sa 13-16 Uhr oder nach telefonischer Absprache
Beste Lagen: Mayschoßer Mönchberg, Recher Herrenberg, Ahrweiler Silberberg

1989 wurde der hochgewachsene Christoph Bäcker Mitglied im Bundesverband ökologischer Weinbau EcoVin (siehe Seite 41), 1991 konnte er seinen ersten eigenen Wein ernten – und war damit der erste ökologisch arbeitende Weinbaubetrieb des Ahrtals. Historisch gesehen ist dieses Gut also noch ein Küken gegenüber

Der Recher Herrenberg ist die beste Lage des Weinguts Bäcker.

all den Ahrtaler Betrieben mit jahrhundertelanger Historie. Über die Qualität der Weine sagen solche Zahlen allerdings nichts.

Christoph Bäcker bewirtschaftet heute 2,5 Hektar Rebfläche, seine beste Lage ist der Recher Herrenberg. Neben Spätburgunder baut das Weingut Müller-Thurgau, Frühburgunder, Portugieser und Regent an. Im Keller setzt Christoph Bäcker auf Maischegärung und klassischen Ausbau im Holzfass. Seine Weine sind in der Regel trocken und verkörpern einen ganz eigenen Ahrtyp. Zupackend-herb, nahezu rustikal, die Ecken und Kanten nicht geglättet und mit einer prägnanten Säure stehen sie geradezu konträr zum Bild vom samtig-weichen Ahrwein. In der Nase finden sich häufig florale Noten wie Flieder. Essig – in rot und weiß – sowie Brände runden das Angebot des kleinen Guts ab.

Der besondere Tipp:
»Recher Herrenberg« Spätburgunder Spätlese trocken
Christoph Bäckers gelungenster Burgunder lockt mit Vanille, eleganten Fruchtnoten und kitzelnder Säure.

Generationen von Brüdern
Weingut Gebrüder Bertram

Haupstr. 3
53507 Dernau
Tel. 02643/8314
www.gebrueder-bertram.de
Öffnungszeiten: Mo – So 10 – 18 Uhr
Beste Lagen: Dernauer Pfarrwingert, Ahrweiler Daubhaus, Dernauer Hardtberg

Das Ahrtal und die Brüder – auch beim Weingut Bertram finden sich zwei, die den Laden gemeinsam schmeißen. In diesem Fall seit 2005 Christian und Markus. Das Weingut ist 3,3 Hektar groß, oder besser klein, 74 % der Fläche sind mit Spätburgunder bestockt, 11 % mit Riesling, 6 % mit Frühburgunder, 3 % mit Regent und 6 % mit anderen Rebsorten. Die Rotweine werden alle in großen alten 1000-Liter-Eichenholzfässern sowie die Spitzenweine in Barriques ausgebaut. Der Großteil der Rotweine reift für mindestens neun Monate in den Fässern, ehe sie abgefüllt werden.

Die Brüder sind zwar historisch gesehen erst kurz im Weingut, der Weinbau in der Familie geht aber deutlich weiter zurück. Die Brüder (natürlich waren es wieder Brüder!) Johann Josef und Peter Josef Bertram waren bei der Gründung des Dernauer Winzervereins 1873 wesentlich beteiligt. Peter Josef Bertram war von der Gründung an, bis kurz vor seinem Tod 1901, sogar dessen erster Präsident. Die drei Söhne von Johann Josef traten 1904 dann aber aus und machten sich mit dem Weingut »Gebrüder Betram« selbständig. Das waren die Brüder Matthias, Josef Hubert und Hubert Josef. Jetzt ist die vierte Generation am Ruder und gibt spürbar Gas.

Die Gebrüder Bertram in ihrem Weingut

Auch das Weingut Betram ist mit Spätburgunder bestockt.

Der besondere Tipp:

Spätburgunder 1904 trocken

Benannt nach dem Gründungsjahr des Gutes und passenderweise traditionell ausgebaut. Das heißt in diesem Fall rund zwei Wochen Maischegärung, wobei drei- bis fünfmal am Tag der Tresterhut von Hand eingestoßen wird, danach Reifung in Fuderfässern. Ergebnis ist ein süffiger Ahrspätburgunder mit angenehm weichen Tanninen.

»Eigener Barrique-Weg«
Brogsitter Weingüter –
Privat-Sektkellerei

Max-Planck-Str. 1
53501 Grafschaft-Gelsdorf
Tel. 02225/918111
www.brogsitter.de
Öffnungszeiten: Mo – Fr 8 – 20 Uhr, Sa 9 – 20 Uhr,
So 13 – 19 Uhr
Beste Lagen: Walporzheimer Lay, Domlay und Kräuterberg,
Ahrweiler Silberberg, Neuenahrer Sonnenberg

(Für Weinproben sollte besser die pittoreske Vinothek im Walporzheimer Restaurant »Sanct Peter« – siehe S. 188 – besucht werden.)

Es ist schon etwas Besonderes, wenn man sich als zweitgrößter Weinversender Deutschlands ein eigenes Weingut leistet. Doch die Kellerei, versichert Betriebsleiter und Kellermeister Elmar Sermann, ist vollkommen eigenständig. »Allerdings gibt es die Möglichkeit, bei den Weingütern, die der Handel vertreibt, tief in den Keller zu schauen!«. Das gilt auch für Güter im Burgund, dem erklärten Vorbild. Früher war die Kellerei in Walporzheim untergebracht, 2006 konnte der Umzug in den 1991 errichteten Gebäudekomplex in Grafschaft-Gelsdorf endgültig abgeschlossen werden. Viel wurde investiert: Edelstahltanks blitzen im modernen Keller, Mikrooxidation ist kein Fremdwort, Kaltvergärung und Reinzuchthefe Standard, die Maischeerhitzung verpönt und der Umstieg auf Maischetaucher vollzogen. Es fehlt an nichts. Von den dreiunddreißig Hektar Rebfläche des Weinguts wird der Großteil von rund fünfzig Vertragswinzern bearbeitet. Einzig acht Hektar sind im eigenen Besitz, nur von diesen wird die Top-Weinlinie des Hauses »Hommage Sanct Peter« erzeugt – seit dem Jahrgang 2011 gönnt man den Weinen eine längere Zeit im Barrique-Fass, was ihnen sehr gut bekommt. Ebenfalls sehr lobenswert: Ab der Stufe »Private Selection« ist alles sortenrein, Deckrotwein kommt nicht mehr zum Einsatz. Besonders am Herzen liegt dem Weingut der Frühburgunder, dessen Anbau seit Mitte der 1980er Jahre forciert wird.

Das Sortiment des Hauses wurde in den letzten Jahren bereinigt: Bei Brogsitter konzentriert man sich nun darauf, weniger Weine, diese aber besser zu machen. Dabei funktioniert die in-

Kellermeister Elmar Sermann im Weinberg

Brogsitter bewirtschaftet stolze dreiunddreißig Hektar Weinberge.

terne Qualitätspyramide, jeder Euro mehr ist schmeckbar. Der Stil des Hauses ist insgesamt sehr weich, süß und fruchtig – Ahrweine, die jedermann gefallen dürften. Aus dem 2003er Jahrgang hat man hier die Lehre gezogen, dass die Burgunder nicht mehr als 13 – 13,5 % Alkohol haben sollten.

Der besondere Tipp
»Hommage Sanct Peter« Frühburgunder trocken: Die »Hommage«-Weine sind zu Recht die Spitzenlinie des Hauses. Der Spätburgunder protzt mit marmeladiger Waldfrucht, frischen Vanilleschoten, Leder, Amarenakirsche und kandierten Früchten. Das alles ist supersaftig.

»Starke Basis – Starke Spitze«
Weingut Burggarten
Landskroner Str. 61–67
53474 Heppingen
Tel. 02641/21280
www.weingut-burggarten.de
Öffnungszeiten: Mo – Fr 10 – 12 Uhr und 13 – 18 Uhr,
Sa/So 10 – 13 Uhr
Beste Lagen: Neuenahrer Sonnenberg und Schieferlay,
Heimersheimer Burggarten

Es kann eigentlich kaum ein größeres Lob für ein Weingut geben, als immer wieder zu lesen, dass selbst die Basisweine stets verlässlich seien. Zu behaupten es wäre leichter, einen herausragenden Spitzenwein zu keltern als einen guten einfachen Tropfen, wäre sicherlich zu weit gegriffen. Aber die wirkliche Klasse eines Gutes lässt sich doch immer im unteren Preissegment ablesen.

Paul-Josef Schäfer und sein Sohn Paul-Michael (Kellermeister) können in diesem Bereich protzen, den Außenbetrieb leiten Heiko und Andreas Schäfer. Geballte Schäfer-Power. Alle ihre Weine weisen Schliff und eine wunderbar reife Süße auf. Bei den Spitzenkreszenzen zeigt sich kräftiger Holzeinsatz, die Barriques erbringen einen deutlichen Räucherton. Der Stil des Hauses kann als vollmundig und kraftvoll beschrieben werden.

Der 1920 gegründete Betrieb am Fuße der Landskrone hat sich längst als Spitzengut etabliert. Untergebracht in den Räumlichkeiten des ehemaligen Heppinger Winzervereins mit historischem Bruchstein-Gewölbekeller und ausgestattet mit stolzen fünfzehn Hektar Weinbergen und Söhnen, die alle »vom Fach« sind, muss sich der Betrieb nicht um die Zukunft sorgen. 2005 wurde ein Winzerhotel mit vierzehn Themenzimmern eröffnet.

Das Heppinger Weingut Burggarten

Der besondere Tipp:

»Heimersheimer Burggarten« Spätburgunder trocken: Der süffige Zechwein ist einer der herausragenden Literweine des Tals. Ein typischer Ahrburgunder des fruchtig-leichten Typs

Das Ehepaar Schäfer lässt es sich gut gehen.

D

»Ahrtaler Goliath«
Weinmanufaktur Dagernova
Heerstr. 91 – 93
53474 Bad Neuenahr-Ahrweiler
Tel. 02641/94720
www.dagernova.de
Öffnungszeiten (in Neuenahr): Mo – Fr 8 – 18 Uhr, Sa 8 – 12 Uhr
Beste Lagen: Dernauer Pfarrwingert, Neuenahrer Sonnenberg, Ahrweiler Rosenthal, Walporzheimer Kräuterberg

Die ehemalige AhrWinzer eG, mit 152 Hektar (rund 30 % aller Weinberge des Tals!) und rund 600 Mitgliedern die größte Genossenschaft des Tals, blickte weit zurück in die Historie, als sie sich einen neuen Namen wählte. »Dagernova« war die Bezeichnung einer fränkischen Ahrtal-Siedlung aus dem 8. Jahrhundert, des heutigen Dernau. Endverbraucher und Fachhandel bekommen nur noch Flaschen mit dem neuen Namen, der Lebensmittelhandel erhält weiterhin Weine der »AhrWinzer eG« – der Unterschied liegt nur im Etikett. Zwei Drittel des Umsatzes werden im Haus gemacht, dorthin strömen die Ahrschwärmer das ganze Jahr. Ein Grund dafür könnten die »humanen Preise« sein, wie Kellermeister Günter Schüller sagt, der gleichzeitig auch in der

Geschäftsleitung sitzt. Viele Weine werden durch Maischeerhitzung erzeugt, weswegen sie sich sehr fruchtig präsentieren, häufig mit Aromen von eingekochten Marmeladen, Kandis und Paradiesapfel.

Nach internationalen Vorbildern gefragt, antwortet Günter Schüller, die dreizehn bis achtzehn Monate im Holz liegenden Barrique-Weine sollen am ehesten an Italien erinnern. Die häufig anzutreffenden Kirschnoten belegen diesen Ansatz.

Der Dagernova-Glasturm

Vor einiger Zeit hat sich die Weinmanufaktur mit der Winzergenossenschaft Loreley zusammengeschlossen (wodurch 3,5 Hektar Weinberge dazugekommen sind), um die steigende Nachfrage nach duftigem, kalt vergorenem Weißwein zu befriedigen. Im 2005er Jahrgang wurde erstmals ein »Blanc de Noirs« vorgestellt. Wie die Mayschoßer Genossen hat auch die Weinmanufaktur Dagernova ein Qualitätssicherungskonzept eingeführt. Bei Abgabe von Lesegut mit mehr als 10 % Fäulnis gibt es Abzug, bei Weinen des Classic-Programms liegt der Höchstertrag bei 80 hl/ha und das strengste Selektionsverfahren wird gar von der Landwirtschaftskammer kontrolliert. Es sieht einen Höchstertrag von nur 60 hl/ha vor. 65 % aller erzeugten Weine sind trocken, sie liegen jedoch im Vergleich mit anderen Gütern hoch im Restzucker, damit sie süffig ausfallen.

Wer den ersten Ahrwein des Jahres sucht, ist bei dieser Genossenschaft übrigens nicht falsch. Schon im November des Lesejahres gibt es hier einen Weißwein.

Der besondere Tipp:
»Walporzheimer Kräuterberg« Spätburgunder Selection trocken »Im Barrique gereift«: Für Freunde sehr präsenten Holzes im Bukett ist dieser Spätburgunder gemacht, der im Duft auch an süßen Tabak erinnert.

»Gewinner im Vinologischen Fünfkampf«
Weingut Deutzerhof –
Cossmann-Hehle

Deutzerwiese 2
53508 Mayschoß
Tel. 02643/7264
www.deutzerhof.de
Öffnungszeiten: Mo – Fr 9 – 12 Uhr und 13.30 – 18 Uhr,
Sa 10 – 16 Uhr
Beste Lagen: Altenahrer Eck (2), Mayschoßer Mönchberg (5),
Heimersheimer Landskrone (41)

 Der Deutzerhof kann für sich in Anspruch nehmen, das kompletteste Sortiment der Ahr zu haben. Egal ob trockene Rotweine, trockene Rieslinge, trockene Burgunder, edelsüße Weiße oder Sekt – er hat in jeder Kategorie einen Ahrspitzenwein zu bieten. Nimmt man die trinkbare (!) Essig-Beerenauslese (mit 5 % Säure) dazu und die vielen Rebsorten, mit denen man im Weingut umgehen kann – neben Spätburgunder sind dies Dornfelder, Portugieser, Riesling und Chardonnay in Top-Qualität –, kann man nur den Hut ziehen.

Die größten Flächen hat das Gut in den Lagen Mayschoßer Mönchberg (1,1 Hektar), Ahrweiler Daubaus (1,9 Hektar) und Heimersheimer Landskrone (2,5 Hektar). Dazu kommen sieben andere Lagen, in denen Besitz vorhanden ist. Kein Wunder, dass eine stattliche Anzahl Weine ohne Lagenbezeichnung verkauft wird. An der Stelle des 1980 bezogenen Weinguts – es liegt idyllisch zu Füßen der Lage Mönchberg – befand sich früher eine Außenstelle des Klosters zu Deutz (Köln), daher auch der Name Deutzerhof.

Der leider viel zu früh verstorbene Wolfgang Hehle war – wie Werner Näkel – ein Seiteneinsteiger, die dem Weinbau so oft neue Impulse geben. Als gelernter Steuerberater ging er bei seinem Schwiegervater erneut in die Lehre und bestand 1982 als sogenannter »Fremdprüfling« die Winzermeisterprüfung. Der Betrieb ist zwar schon seit 1952 Selbstvermarkter – damals 3,5 Hektar groß –, aber Wolfgang Hehle führte ihn weg von lieblichen Rotweinen, hin zu neun Hektar Rebfläche und in die Spitzenriege deutscher Rotweinmacher. Der Mayschoßer Winzer verlor durch das Umkrempeln des Weinguts zwar fast die komplette Stammkundschaft, aber eine neue erwuchs schnell, als sie von den Erfolgen bei Weinprämierungen und Kritikerbewertungen hörte. Heute wird der Betrieb von seiner Witwe

Der idyllisch gelegene Deutzerhof

Hella Hehle, seiner Schwiegertochter Dorothee Hehle und Hans Lüchau geleitet.

Der besondere Tipp:
»Saumon de l'Ahr« Spätburgunder Rosé trocken: Der beste Rosé des Tals ist kein leichtes Terrassenweinchen, sondern ungewöhnlich kräftig. Duft nach Cassis, Erdbeer, Lorbeer und frischem Kerbel.

Weingut Josten & Klein
c/o Weingut Michaelishof
Dorfstr. 81
53508 Michaelishof
Tel. 02643/902550
www.josten-klein.com
Öffnungszeiten: nach Vereinbarung
Beste Lagen: Mayschoßer Mönchberg,
Ahrweiler Daubhaus, Mayschoßer Laacherberg
Nur nach telefonischer Vereinbarung.

Erst 2012 wurde das Weingut mit Weinbergen am Mittelrhein und an der Ahr gegründet. Gleich mit ihrer ersten Kollektion konnten Marc Josten (Außenbetrieb) und Torsten Klein (Keller)

glänzen. Im renommierten Weinführer »Gault&Millau Deutschland« wurden die beiden Jungwinzer als »Entdeckung des Jahres 2013« geehrt – und das völlig zu Recht! »Sua Sponte« steht auf den schick-modernen Etiketten: aus eigener Kraft. Es ist das Leitmotiv des Weingutes. Neben Riesling und Spätburgunder gibt es hier auch Sauvignon Blanc zu erwerben. Die Weine sind sehr selbstbewusst bepreist und können im elterlichen Weingut von Marc Josten verkostet und gekauft werden.

Der besondere Tipp:

Sauvignon Blanc trocken

Das Weingut erzeugt meist mehrere Sauvignon Blancs (allerdings von ihren Lagen am Mittelrhein). Die »Großen« sind zum Teil deutlich von Holz und Alkohol geprägt und etwas für Fans eines besonders kraftvollen Stils, der »Kleine« zeigt mit seiner klaren, aus dem Glas springenden aromatischen Art, warum die Rebsorte sich solcher Beliebtheit – nicht nur in Deutschland – erfreut.

Den Sauvignon Blanc gibt es auch im Weingut Josten.

K

»Glücksparzelle«
Weingut Klosterhof – Familie Gilles
Rotweinstr. 7
53507 Marienthal
Tel. 02641/36280
www.klosterhof-gilles.de
Öffnungszeiten: Täglich 10 – 18 Uhr
Beste Lagen: Walporzheimer Kräutergarten, Ahrweiler Silberberg

Die Zahl der herausragenden Weine dieses kleinen Marienthaler Gutes lässt sich genau beziffern: einer. Jahr für Jahr. Denn
Winzermeister Bernd Gilles hat eine Spitzenparzelle mit einem
lockerbeerigen Klon im Ahrweiler Silberberg, die in jedem Jahr
über 100 °C Öchsle und damit eine Auslese erbringt. Sie wird
im hier eher ungeliebten Barrique ausgebaut. Schmelz und Fül-
le zeichnen diesen, aber auch die Basisweine des Hauses aus.
Erdbeeraromen sind häufig im Bukett zu finden, doch sind die
Klosterhofweine allgemein sehr zurückhaltend im Duft. Die Säure wirkt ausgesprochen weich, der Körper niemals zu leicht. Die
meisten Weine werden im Holzfass ausgebaut und stets mit
eigenen Hefen vergoren. Im besten Sinne klassische Ahrweine,
feinfruchtig und zugänglich.

1979 wurde der Betrieb gegründet, Bernd Gilles übernahm ihn
1990 vom Vater. Wie bei den meisten Ahrtaler Betrieben findet
die gesamte Lese per Hand statt. Der Klosterhof bewirtschaftet
heute 3,5 Hektar, wegen der starken Nachfrage wurde vor einigen
Jahren auch Riesling gepflanzt, wie auch die pilzresistente weiße
Neuzüchtung Johanniter. Viele Weine werden über die eigene
Gastronomie verkauft. Deren Spezialität: hausgemachter Tiroler
Knochenschinken – aus dem Ahrtal.

Der besondere Tipp:
»Ahrweiler Silberberg« Spätburgunder Auslese trocken: Ein ele-
ganter, in seinem Aufbau nahezu transparenter Spätburgunder,
der in manchen Jahrgängen sehr stark vom Holz geprägt ist.

»Vier auf einen Streich«
Weingut Kloster Marienthal
Klosterstr. 3
53507 Marienthal
Tel. 02641/98060
www.weingut-kloster-marienthal.de
Öffnungszeiten: Täglich 10 – 18 Uhr
Beste Lagen: Das Weingut vermarktet alle Weine
ohne Lagenangabe

Lange siechte die Staatliche Weinbaudomäne finanziell dahin –
bis es einfach nicht mehr ging. Offiziell hieß es, der Verkauf sei
nötig geworden, nachdem im Rahmen der Agrarverwaltungsre-
form die Versuchsaufgaben der Domäne an das Dienstleistungs-
zentrum Ländlicher Raum Mosel mit Sitz in Bernkastel-Kues
übergegangen waren. Am 1. September 2004 fand man eine
ebenso regionale wie salomonische Lösung: Die beiden größten
Genossenschaften des Tals (die Weinmanufaktur Dagernova
und die Winzergenossenschaft Mayschoß-Altenahr), der größte Privatbetrieb (Brogsitter) und das bekannteste Ahrweingut
(Meyer-Näkel) übernahmen den Betrieb gemeinsam. Von den
insgesamt knapp 16,5 ha werden heute noch rund fünf ha für
die Klosterweine genutzt, den Rest hat man unter sich aufge-
teilt. Aber es braucht auch nicht mehr so viel Rebland, denn das

Weingut Kloster Marienthal

Imposanter Klosterkeller

Sortiment wurde rigoros gestrafft. Unter anderem gibt es zwei Cuvées, die rote vor allem aus Spätburgunder, Domina und Regent, die weiße hauptsächlich aus Riesling, Weiß- und Grauburgunder. Spitzenweine sind ein Frühburgunder aus dem Barrique und ein Spätburgunder mit dem pfiffigen Namen »Der Abt«.

In der Regel alle zwei Wochen gibt es ein Treffen der vier Kellermeister, ebenfalls alle zwei Wochen eines der vier Geschäftsführer. Die Linie wird also gemeinsam festgelegt, die wirkliche Kellerarbeit liegt aber auf wenigen Schultern, Kellermeister ist Markus Bertram. Werner Näkel beschreibt die Weine als »Mischung aus dem tanninbetonten Mayschoßer Stil und dem weichen Dernauer. Wir wollen Eleganz und einen ganz eigenen Geschmack«.

Die kulturellen Veranstaltungen, für welche die Domäne sich einen Namen gemacht hat, werden übrigens fortgeführt, und die Klosterruine ist für Hochzeiten gefragt wie nie zuvor.

Der besondere Tipp:
»Der Abt« Spätburgunder trocken: Der kraftvolle Wein bildet die Spitze des Sortiments. Ein bärtiger Abt mit großem Wams, aber auch vielen Muskeln. Für Freunde körperreicher Weine.

»Experiment gelungen«
Weingut H.J. Kreuzberg
Schmittmannstr. 30
53507 Dernau
Tel. 02643/1691
www.weingut-kreuzberg.de
Öffnungszeiten: Mo – Fr 8 – 12 Uhr und
13 – 18 Uhr, Sa/So 10 – 15 Uhr
Beste Lagen: Neuenahrer Schieferlay und Sonnenberg, Dernauer Pfarrwingert und Hardtberg, Ahrweiler Silberberg und Rosenthaler, Marienthaler Trotzenberg

Weine wie sahnige Vollmilchschokolade, manchmal auch wie Mandel-Nuss, sogar Andeutungen von Blätterkrokant kommen ab und an vor – so sind sie, die herausragenden Kreszenzen der Kreuzbergs. Weich mit

Sympathischer Weingutschef: Ludwig Kreuzberg

feinkörnigen Tanninen, füllig, saftig und dabei traumhaft leicht. Im Konzert der Großen hat Ludwig Kreuzberg seinen ganz eigenen Ton gefunden. Geradezu exemplarisch schaffen sie es, neben dem Weingutsstil bei jedem ihrer Lagenweine das unterschiedliche Terroir sprechen zu lassen. Sie vereinen beides in perfekter Form.

Gegründet wurde das Weingut 1953, doch sein Aufstieg begann erst im Jahr 1994, als Ludwig Kreuzberg es mit 3,2 ha übernahm. Er brachte es auf 8,5 ha, ein Großteil davon sind Steillagen. Mittlerweile ist das Weingut umgebaut und hat nun einen repräsentativen Veranstaltungskeller. Der eigentliche Betrieb wurde ausgelagert an den Stadtrand Dernaus.

Im Weinberg setzen die Kreuzbergs auf integrierten Weinbau, wozu eine ökologische Bodenbearbeitung (Düngung mit Stallmist, Strohauflage, Rindenmulch oder Begrünung) gehört. Das ist nicht ungewöhnlich – im Gegensatz zu dem, was im Weinberg steht. Die Kreuzbergs brachten den Cabernet Sauvignon an die Ahr, pflanzten ihn zu einer Zeit, als dies noch verboten war, mussten alle Rebstöcke wieder rausreißen – und nur kurze Zeit später wurde der Anbau offiziell erlaubt. Da war der aus den Cabernet Sauvignon-Trauben erzeugte Wein aber schon destilliert.

Weingut mit Straußwirtschaft und Gästezimmern

Die Kreuzbergs pflanzten die Rebsorte wieder an, und heute gibt es den »CaSaNova« genannten Wein regulär zu erstehen. Genau wie die ungewöhnliche »Cuvée Georg« aus Frühburgunder und Cabernet Franc. Dieser Wein wird nicht die letzte Überraschung des experimentierfreudigen Ludwig Kreuzberg sein.

Dabei geht es ihm nie um trinkbare Gags, sondern um ernstzunehmende Qualität. Genau wie bei seinen grandiosen Spätburgundern oder den Frühburgundern, die regelmäßig zu den besten des Tals gehören. Auf bis zu 30 hl/ha fährt er die Erträge bei den Top-Kreszenzen zurück – das schmeckt man den konzentrierten und dicht gewobenen Weinen an. Die besten von ihnen lagern länger als zwölf Monate im Barrique. Die Flaschen zieren Künstleretiketten, die der verstorbene Onkel Ludwig Kreuzbergs, Ahrmaler Georg Kreuzberg, schuf. Übrigens: Wer das Weingut verlässt, ohne einen der hervorragenden Obst- und Weinbrände probiert zu haben, begeht einen schweren Fehler.

Der besondere Tipp:
Spätburgunder Spätlese trocken »Unplugged«: Würzig-weicher Spätburgunder-Typ, authentisch und ungekünstelt, wie es der Name verspricht.
Frühburgunder »Classic«: Wunderbares Beispiel eines verführerischen Nicht-Barrique-Frühburgunders, der von einer reifen, einfach »leckeren« Frucht getragen wird.

»Unfiltrierte Klasse«
Weingut Heiner & Kreuzberg
Burgstr. 12
53507 Dernau
Tel. 02643/9029155
www.heiner-kreuzberg.de
Öffnungszeiten: Di – Fr 13 – 18 Uhr, Sa/So/Feiertags 12 – 16 Uhr
und nach Vereinbarung
Beste Lagen: Neuenahrer Schieferlay, Ahrweiler Silberberg,
Ahrweiler Rosenthal

Nachdem er schon seit 2003 auf kleinen Flächen eigene Weine
der Sorten Cabernet, Cabernet Franc, Merlot, Spätburgunder und
Frühburgunder anbaute, entschied sich Hermann-Josef (Jüpp)
Kreuzberg 2009, der jahrelang für den Keller im Weingut H.J.
Kreuzberg zuständig war, zur Gründung eines eigenen Weinbe-
triebs und schied damit aus dem elterlichen Weingut aus. Zum
Team gehören zudem die Söhne David Kreuzberg (Kellermeister) und Michel Kreuzberg (Marketing) sowie Joern Heiner (Or-
ganisation), den er beim Fliegenfischen an der Ahr kennenlernte.
Von Dernau aus bewirtschaftet das Weingut sechs ha Anbauflä-
chen in Steillagen, hauptsächlich in den Top-Lagen Silberberg,
Trotzenberg, Schieferlay, Pfarrwingert und Rosenthal. Der Ertrag
pro Hektar wird radikal reduziert, teils unter 30 hl. Das Weingut
produziert zu 85 % Rotweine (Spätburgunder, Frühburgunder,
aber auch Merlot und Cabernet Sauvignon). Das Weingut Heiner & Kreuzberg setzt auf bewährtes Know-how und verzichtet
trotzdem nicht auf Innovation: In der Produktion wird strikt
auf Qualität geachtet. Während der Ernte werden die Trauben
mehrfach handverlesen, die Rotweine werden spontan vergoren.
Ausgebaut werden sie in angemessener Reifezeit in kleinen und
großen Holzfässern und teilweise unfiltriert gefüllt. Wichtig ist
dem Weingut die Reduzierung des Alkoholteils von 14 – 15 %
auf 13 – 13,5 % – und damit Weine zu produzieren, von denen
man gerne eine ganze Flasche trinkt. Oder auch zwei.

Der besondere Tipp:
Ahrweiler Silberberg Spätburgunder trocken Barrique
Der Spitzen-Spätburgunder aus dem Silberberg ist eine Wucht –
wobei »Jüpp« Kreuzberg den Alkohol stets in Grenzen hält und
seine Weine enormen Trinkfluss besitzen. Auch der Frühburgunder und die Spitzen-Cuvées sind beachtlich.

»Erfolgsgeschichte«
Weingut Peter Kriechel
Walporzheimer Str. 83 – 85
53474 Bad Neuenahr-Ahrweiler
Tel. 02641/36193
www.weingut-kriechel.de
Öffnungszeiten: Mo – Fr 8 – 18 Uhr, Sa 10 – 18 Uhr, So 12 – 17 Uhr
(Januar bis März), 10 – 18 Uhr (April bis Dezember)
Beste Lagen: Neuenahrer Sonnenberg, Walporzheimer Kräuter-
berg, Ahrweiler Rosenthal

Das Weingut Peter Kriechel ist mit seinen stattlichen 24 ha das größte private Weingut des Ahrtals – darunter vier ha Frühburgunder, und damit 20 % der gesamten Rebfläche der seltenen Sorte im Ahrtal. Wer hätte das ahnen können, als Peter Kriechel das Weingut 1952 gründete? Damals gehörten gerade einmal 1,5 ha dazu. Seit 2003 führt Ernst Kriechel das Gut zusammen mit der nächsten Generation – seinen Söhnen Markus und

Das Team des Weinguts Kriechel

Michael und dem Cousin Gerd Kriechel. Wer so viele Weinberge wie die Kriechels hat, der muss auf vielen Hochzeiten tanzen, um seinen Wein komplett verkaufen zu können. Deshalb findet man im breit gefächerten Angebot neben den üblichen Verdächtigen auch die Rebsorten Bacchus, Kerner und Schwarzriesling. Weine gibt es in mild, halbtrocken und trocken, ja sogar Eiswein wird produziert.

Im Weinberg wird integriert umweltschonend gearbeitet, die Lese erfolgt komplett per Hand. Der Stil des Hauses ist es, die Weine sehr weich, manchmal nahezu marmeladig-süß auszubauen. Freunde eines barocken Spätburgunder-Typs sind hier genau richtig.

Das ist nicht seine übliche Wingertskleidung:
Michael Kriechel im Weinberg

Der besondere Tipp:
»Neuenahrer Sonnenberg« Spätburgunder Auslese trocken »R«:
Stark sind bei den Kriechels vor allem die trockenen Auslesen,
wie diese aus dem Sonnenberg mit süßen Mokka-Tanninen und
schwebendem Abgang.
»Walporzheimer Kräuterberg« Spätburgunder Auslese trocken
»Barrique«: Klassisch-überreife Machart, betont süß – aber mit
Biss.

»Ne kölsche Jung«
Weingut Kurth
Bachemer Str. 44
53474 Bad Neuenahr-Ahrweiler
Tel. 02641/900654
www.weingut-kurth.de
Öffnungszeiten: Nach Vereinbarung
Beste Lagen: Lagen werden auf dem Etikett nicht genannt,
der Frühburgunder stammt aus dem Bachemer Karlskopf

Wie bei Adeneuers und früher Kreuzbergs ist auch das Weingut
Kurth ein Bruder-Betrieb – wobei es hauptsächlich Stefan Kurth
als Betriebsleiter und nicht Bruder Thomas ist, der hier das Zepter
in der Hand hält. Früher war er einer der Kellermeister im Weingut
Meyer-Näkel, 2007 ging es dann mit seinem eigenen Betrieb los.
Stefan, genannt »Boris«, Kurth ist ein bodenständiger Winzer, tief

verwurzelt. Das zeigt sich auch an den rheinischen Namen seiner Weine: »Pross Jupp« (Prost, Jupp), »Aff un zoo« (Ab und zu) oder »Blanc jemaat« (Weiß gemacht – für seinen Blanc de Noirs). Besonderes Talent hat er für Frühburgunder, die von seinen Bachemer Lagen wie dem Karlskopf stammen. Diese fallen ebenso würzig wie samtig aus und sind zudem sehr fair kalkuliert.

Der besondere Tipp:
Sein trockener Frühburgunder vom Bachemer Karlskopf – das Urgewächs der Ahr, vinifiziert von einem Urgewächs der Ahr. Sehr gute Paarung!

L

»Frühburgunder-Liebe«
Weingut Peter Lingen
Teichstr. 3
53474 Bad Neuenahr
Tel. 02641/29545
www.weingut-lingen.de
Öffnungszeiten: Mo – Sa 9 – 18 Uhr,
So 10 – 13 Uhr
Beste Lagen: Neuenahrer Schieferlay, Neuenahrer Sonnenberg, Neuenahrer Kirchtürmchen, Ahrweiler Rosenthal

Seine Frau verliebte sich in Peter Lingen wegen seines Frühburgunders. Eine solide Basis für eine Beziehung, wie sich nach vier Kindern herausgestellt hat. Die Rebsorte ist Aushängeschild und Stolz des Weingutes, in dessen Weinbergen allerdings mehr Spätburgunder (45 %) und Portugieser (30 %) stehen. Das tut der Liebe Gott sei Dank keinen Abbruch.

Weinbau gibt es in der Familie mindestens seit 1599, wahrscheinlich sogar noch länger. Allerdings sind die Kirchenbücher aus der Zeit davor verbrannt. Die neue Zeitrechnung des Gutes hat jedenfalls 1982 begonnen, als Peter Lingen in zehnter Generation das Weingut übernahm. 3,8 ha Weinberge gehören dazu, die Weine werden alle spontan vergoren. Enzyme kommen bei Peter Lingen nicht zum Einsatz, als Deckrotwein verwendet er, im Gegensatz zu den Kollegen, Dunkelfelder und Nerowet. Jeder Rotwein muss bei ihm mindestens fünf Monate in einem der großen, bis zu 40 Jahre alten Holzfässer verbringen, die teilweise wunderschön bemalt sind. Barrique-Fässer gibt es nur sehr wenige, denn eigentlich sind die Lingens keine Freunde des neuen Holzes. »Ich hoffe, es geht wieder zurück zum klassischen Ahrweintyp«,

Peter Lingen

sagt Peter Lingen, legt aber – zur Freude vieler Weingenießer – seinen besten Wein alljährlich ins kleine Fass.

Alle Weine von Peter Lingen zeichnen sich durch einen süßen Kern aus. Sie sind sehr fruchtbetont, Kirsch und Brombeer finden sich häufig im Bukett. Dabei wirken die Weine stets eher reif als frisch, was durch den klassischen Ausbau im großen Holzfass zu erklären ist. Die Weißweine werden kalt in Edelstahltanks vergoren. Wie zum Beispiel der nach Hefe und Butter duftende »Blanc de Noirs«, für den die Lingens den Preis für den schönsten Fantasienamen einsacken müssten: »Ohse helle Bujunde« (Unser heller Burgunder) heißt er. »Nach einem Fläschchen«, erzählt Peter Lingen lachend, »kannst du das locker aussprechen!«

Der besondere Tipp:

Frühburgunder trocken Barrique »J – A – C – N«: Der nach den Anfangsbuchstaben der Kindernamen benannte rauchig-frische Wein liegt rund ein Jahr im Barrique. Das stärkt ihm den Rücken, ohne die Frühburgunder-Typizität zu rauben.

Das Weingut Lingen – Ziel vieler Frühburgunder-Fans

Weingut naturbelassen – die Maibachfarm

»Öko-Primus«
Weingut Maibachfarm
Im Maibachtal 100
53474 Bad Neuenahr-Ahrweiler
Tel. 02641/36679
www.maibachfarm.de
Öffnungszeiten: Mo – Fr 8 – 17 Uhr und nach Vereinbarung
Beste Lagen: Ahrweiler Rosenthal, Walporzheimer Domlay,
Heimersheimer Burggarten

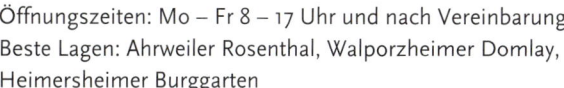

Die Maibachfarm ist ein Ökowunderland. Hühner, Enten, Gän-
se, Hasen und rund 70 Milchschafe gackern, quaken, schnattern,
hoppeln und blöken hier. In der hauseigenen Käserei wird die
Schafsmilch zu Käse, Joghurt, Butter und Quark verarbeitet. Von
den 54 ha Gesamtfläche entfallen unter anderem 15.000 qm auf
Gemüseanbau und 4.500 qm auf Obstbäume. Die komplette
Warmwasserbereitung und Heizleistung wird aus umweltfreund-
lichen Holzschnitzeln gewonnen.

Darüber hinaus schafft man es hier auch noch, Weine zu erzeugen.

Der Betrieb liegt in einem idyllischen Seitental oberhalb des
Klosters Kalvarienberg und bewirtschaftet rund neun Hektar
Weinberge. Die Unkrautbekämpfung erfolgt mechanisch mit
Hacke und Mulcher, die Düngung mit Schafsmist »aus eige-

ner Herstellung«. Das Gut ist Mitglied im Verband Bioland und hat es zur Nummer eins unter den Ökoweingütern des Tals gebracht – hinsichtlich Quantität *und* Qualität. Wer jetzt an alternative Hippie-Romantik denkt, der ist falsch gewickelt. Das Weingut ist geradezu futuristisch eingerichtet, alles nur vom Feinsten. Mit dem Jahrgang 1999 wurde der erste Wein erzeugt – der damals noch keine wirkliche Freude machte. Jahr für Jahr wurden die Weine besser.

Der besondere Tipp:
»Dernauer Goldkaul« Regent trocken »Barrique«: Regent pur mit rassiger Säure.

»Eisweinkönige«
Winzergenossenschaft
Mayschoß-Altenahr

Ahrrotweinstr. 42
53508 Mayschoß
Tel. 02643/93600
www.wg-Mayschoß.de
Öffnungszeiten: Mo – Fr 8 – 18 Uhr, Sa und So 10 – 18 Uhr
Beste Lagen: Walporzheimer Kräuterberg (24), Mayschoßer Mönchberg (5), Ahrweiler Rosenthal (28)

Zweigstelle:
Tunnelstraße
53505 Altenahr
Tel. 02643/1613

Seit 1992 setzt man bei der Winzergenossenschaft jeden Herbst auf Eiswein. Und bis auf wenige Jahre (unter anderem 1994, 1997 und 2005) hat es immer geklappt. Denn bei den knapp 120 Hektar, die von rund 330 Genossen bewirtschaftet werden, gibt es einige frostige Parzellen.

Die Mayschoßer Genossen gelten aber nicht nur als Experten für Eiswein, sondern ganz allgemein für Weißwein, der rund ein Drittel der Produktion ausmacht. Das entspricht rund zwei Dritteln der gesamten Weißweinproduktion der Ahr!

Die herausragenden trockenen Weine finden sich allerdings im Rotweinbereich, in dem seit 1995 mit einem dreistufigen Qualitätssystem gearbeitet wird. Acht Selektionstische helfen dabei, die faulen Trauben rigoros auszusondern. Und was die technische Kellerseite angeht: Crossflow, Mostkonzentration (die einzige Anlage des Tals), Süßreserve, Maischeerhitzung, Aroma-Hefen, Enyzme – nichts ist den Genossen fremd. Anders geht es wohl auch kaum, wenn jedes Jahr bis zu 50 verschiedene Weine produziert werden müssen, die alle Geschmäcker bedienen. Trotzdem hat es die Mayschoßer Genossenschaft geschafft, sich einen Namen für Top-Weine zu machen, war dabei Vorreiter im Ahrtal.

Als eines von nur zwei Ahrweingütern (das andere ist der Deutzerhof) arbeitet die Genossenschaft bei einem Teil ihrer Roten mit einem Druckfermenter, wodurch die Weine nach eigenen Angaben »feiner und aromatischer« werden. Diese mechanische Methode ist aber nur bei sehr gesundem Lesematerial möglich, da die Weine einen Tick mehr flüchtige Säure erhalten. »Unser Riesling«, berichtet Rolf Münster nicht ohne Stolz, »kommt ausschließlich vom Schiefer. Das gibt die Filigranität.« Ganz anders der Ansatz bei den Roten: »Bei trockenen Rotweinen holen wir aus den Trauben an Tanninen raus, was geht«. Und auch beim Alkohol sind die Genossen nicht zurückhaltend. Rolf Münsters Rote sind Kraftprotze.

Die älteste Winzergenossenschaft der Welt hat viel zu bieten. Täglich geöffnet, kann man neben der vielfältigen Weinauswahl auch eine Kellerführung (drei Euro pro Person) mit anschließendem Weinbau-Museum besuchen. Im Schnitt werden mehr als eine Million Flaschen Wein im Jahr produziert. Der Genossenschaft ist ein Restaurant mit rustikaler Küche angeschlossen.

Der besondere Tipp:
»Altenahrer Eck« Riesling Eiswein: Die feste Bank in Sachen Ahr-Eiswein. Duft nach Blutorange und kandierten Zitrusfrüchten, im Mund kristallklar mit rassiger Säure.

»Der große Innovator«
Weingut Meyer-Näkel
Friedensstr. 15
53507 Dernau
Tel. 02643/1628
www.meyer-naekel.de
Öffnungszeiten: Nach Vereinbarung
(Sonn- und Feiertags geschlossen)
Beste Lagen: Dernauer Pfarrwingert, Neuenahrer Sonnenberg,
Walporzheimer Kräuterberg

Gibt es eigentlich irgendeinen Trend im Ahrweinbau, den Werner Näkel nicht gestartet hat? Er arbeitete als Erster mit Barrique-Fässern, er brachte den ersten »Blanc de Noirs« (»Illusion Nr. 1«) auf den Markt, ebenso die erste Ahr-Cuvée (»us de la meng«, aus Spätburgunder, Frühburgunder, Dornfelder & Regent). Er zeigte, dass für herausragende Weine auch mehr Geld verlangt werden kann, dass es eine Käuferschicht für große Weine aus dem Ahrtal gibt. Er küsste seine Heimat wach.

Die Geschichte vom Aufstieg Werner Näkels ist eine Art Ahrtaler Legende geworden. Zuerst entschied er sich für den Lehrerberuf (Mathematik und Sport), aber nach nur einem halben Jahr war dieser Lebensabschnitt vorbei. 1982 übernahm er den Betrieb von den Eltern (Meyer ist der Geburtsname der Mutter). Als einer der zehn Ersten in Deutschland begann er mit französischen Barrique-Fässern, doch seine Weine wurden von offizieller Seite rigoros abgelehnt. Das sollte sich bald ändern. »Der 87er Dernauer Goldkaul Qualitätswein trocken war mein Durchbruch, der hat damals den Deutschen Rotweinpreis gewonnen. Danach hab ich mich dann zwei, drei Jahre hängen lassen, weil ich dachte, du hast es ja erreicht. Bis ich dann merkte, du musst dich immer weiter anstrengen.« Inspiriert von Näkel folgte mit den Gütern Kreuzberg, Deutzerhof und Sonnenberg die erste Welle qualitätsbesessener Ahrwinzer.

Das Besondere an Werner Näkels Weinen ist, dass sie alle so unangestrengt wirken, wie mit leichter Hand gestrickt. Es sind seidige Weine, von denen man stets gerne mehr als ein Glas trinkt. Deckrotweine kommen bei ihm nicht zum Einsatz, auch keine Enzyme (»Die bringen nicht viel an Farbe.«), und bei der Mostkonzentration hält er ein absolutes Verbot an der Ahr für sinnvoll. Und neben roten Rebsorten gibt es bei ihm in den Weinbergen nur etwas Weißburgunder und Riesling.

Werner Näkel ist heutzutage seltener im Ahrtal. Zwischen Weihnachten und Ostern ist er zwei Monate in Südafrika, außerdem fliegt er sieben- bis achtmal im Jahr zwei bis drei Tage nach Portugal, im Herbst erlaubt er sich zwei Wochen dort. Nicht um Urlaub zu machen, sondern um bei seinen beiden anderen Weingutprojekten zu arbeiten und auch dort herausragende Spitzenweine zu produzieren.

Wer Werner Näkel in seinem Gut nicht antrifft, sollte sich vertrauensvoll an seine blitzgescheite Tochter Meike wenden. Seit 2005 ist sie offiziell die Kellermeisterin des Betriebs. Sie lernte unter anderem bei den Top-Gütern Heger, Fürst und Comte Lafon – Werner Näkel kann jederzeit beruhigt nach Südafrika und Portugal reisen. Auch Tochter Dörte hat ihre Winzerausbildung bei renommierten Gütern absolviert und ist nun im Familienbetrieb tätig.

Der besondere Tipp:
»Walporzheimer Kräuterberg« Spätburgunder »Großes Gewächs«:
Samtige Würze in Perfektion.
»Bad Neuenahrer Sonnenberg Frühburgunder«: Werner Näkels großer trockener Frühburgunder ist immer ein Hammer – denn in schwachen Jahrgängen wird er, so wie alle Lagenweine, nicht produziert.

Aufs Pferd gekommen
Weingut Mönchberger Hof
Mönchberger Hof 1
53508 Mayschoß
Tel. 02643/2301
www.weingut-moenchberger-hof.de
Öffnungszeiten: Mo – Fr 9 – 12 Uhr und 13.30 – 18 Uhr,
Sa 10 – 16 Uhr
Beste Lagen: Mayschoßer Mönchberg (5)

Bekannt ist der Mönchberger Hof neben Wein vor allem für Planwagenfahrten. Mit den Pferden wird auch ein wenig Arbeit in den Weinbergen durchgeführt. Wie auch der nur einen Steinwurf entfernte Deutzerhof schmiegt sich das Gut malerisch an den Mayschoßer Mönchberg mit seinen steilen Weinhängen. Hier präsentieren Gerd Josten und seine Familie ihre Weine, zum Betrieb gehört auch eine Straußwirtschaft. 1988 trat er aus der Winzergenossenschaft Mayschoß-Altenahr aus und gründete den Betrieb, in den mittlerweile die zweite Generation eingestiegen ist. 6,5 ha werden bewirtschaftet, davon rund 90 Prozent Steillagen – ein Teil davon nicht an der Ahr, sondern an der Mosel. 70 % sind bestockt mit Spätburgunder, 10 % mit Riesling und der Rest mit Frühburgunder, Dornfelder, Weißburgunder, Chardonnay, Rivaner und dem seltenen Schönburger.

Der besondere Tipp:

Mayschoßer Mönchberg, Spätburgunder Qualitätswein, trocken Spätburgunder »Tröpsley« trocken

Der Spitzenwein des Hauses hört auf den Namen »Tröpsley". Zu den Spitzen des Hauses gehört aber auch ein Frühburgunder aus dem Mayschoßer Mönchberg.

»Prinzip Cuvée«
Weingut Nelles
Göppinger Str. 13a
53474 Heimersheim
Tel. 02641/24349
www.weingut-nelles.de
Öffnungszeiten: Mo – Fr 9 – 12 Uhr und 14 – 18 Uhr,
Sa 10 – 14 Uhr
Beste Lagen: Heimersheimer Landskrone und Burggarten

 Abends, sagt Thomas Nelles lachend, trinkt er gerne holländischen Wein: »Van Anderen«. Wohl nur durch solch einen stetigen Blick über den eigenen Tellerrand sind fulminante Spät- und Frühburgunder von internationalem Format – wie die seinen – zu erzeugen. So einfach es die in ihrer Frucht geradezu wollüstigen Rotweine dem Genießer machen, sie zu verstehen, so kopfschüttelnd steht mancher vor den Weinflaschen des Hauses. Doch das gehört zu Thomas Nelles Plan: »Der Kunde soll sich mit den durch die Etiketten gestellten Fragen beschäftigen.« Als Beispiele nennt er 1479 und B 52. Damit Sie beim Nelles-Quiz nicht durchfallen, hier ein paar Lösungen:

In einem Zinsverzeichnis aus dem Jahr 1479 wird ein Peter Nelis als Pächter eines »wyngartz an der buysch portzen« ausgewiesen. Dieses erste belegte »Weinjahr« in der Familiengeschichte prangt nun so groß auf der Flasche, dass viele es für den Namen des Weingutes halten. »B 52« ist der Name seines besten Barrique-Weines, der aus über 40-jährigen Rebanlagen kommt. Thomas Nelles zufolge stets ein femininer Wein mit floralen Aromen. Sein kleiner Bruder »B 48« hingegen ist jedes

Jahr kräftig, mit viel Tannin, ein guter Begleiter zu Wild. Der nur »B« genannte einfachste Barrique-Wein setzt schließlich voll auf Frucht. Alle drei kommen aus der Heimersheimer Landskrone, jedoch von sehr unterschiedlichen Parzellen, weshalb Thomas Nelles die Fassnummern auf die Flaschen schrieb, um sie deutlicher zu unterscheiden.

Der Heimersheimer Winzer war damit einer der Vorreiter an der Ahr, was Weinnamen und Cuvées anging. Auch bei den Basisweinen hält er seinen Ansatz stringent durch. Der Einstiegswein »Ruber« soll fruchtbetont und filigran sein. Der »Pinot Noirs«, kernig und dicht, kommt komplett aus alten Fudern, und der »Classic« reift in Fuder und dreijährigen Barriques, wodurch er einen Tick Holz hat, der zu seiner kompakt-kräftigen Art passt. Der »Classic« wird zum Beispiel aus rund zehn Fässern zusammengestellt. Übers Jahr wird ständig verkostet hinsichtlich der Frage, welches Fass in welchem Wein landet. Die endgültige Cuvée wird immer an der frischen Luft zusammengestellt, nachdem aus jedem Gebinde eine Flasche gezogen wurde. Im September wird gefüllt, nachdem die Einzelweine eine gute Woche vorher »verheiratet« wurden.

Mit 8,5 ha komplett flurbereinigten Weinbergen ist Thomas Nelles' Weingut schon lange keines mehr der kleinen an der Ahr. Man merkt den Weinen des Hauses an – für die nun auch Sohn Philip als Betriebsleiter Verantwortung trägt –, dass man hier ein

Die Familie Nelles trinkt Wein »Van Anderen«.

gutes Händchen für den gekonnten Einsatz von Barrique-Fässern hat. Untergebracht ist das Gut in den Gebäuden der ehemaligen Winzergenossenschaft, die Mitte der 1970er Jahre übernommen wurden. Weinhistorisch bedeutsam: 1971 hat Nelles den wohl ersten Eiswein an der Ahr gelesen. Heute spielen edelsüße Weine eine Nebenrolle.

Der besondere Tipp:
Frühburgunder »Madeleine«. Herrlich saftiger und gleichzeitig samtiger Frühburgunder, der regelmäßig zu den allerbesten des Tals zählt. Der Frühburgunder ist übrigens auch als Madeleine noirs und Pinot Madeleine bekannt!

»Animierende Weine«
Weingut Erwin Riske
Wingertstr. 26 – 28
53507 Dernau
Tel. 02643/8406
www.weingut-riske.de

Öffnungszeiten: Mo – Fr nach Vereinbarung, Sa 10 – 18 Uhr, So/Feiertag 15 – 18 Uhr
Beste Lagen: Dernauer Pfarrwingert, Neuenahrer Sonnenberg

Drei Verbindungen zu Winzerstar Werner Näkel: Volker Riske und er haben einen gemeinsamen Urgroßvater, beide leben in Dernau und auch Riske war früher Lehrer. Sport und Kunst unterrichtete er, ein selbst gestaltetes Etikett zeugt heute noch von

Volker Riske verkostet am Barrique-Fass.

Kartoffel-Lauch-Suppe, die Spezialität der Straußwirtschaft

einer seiner Professionen. Doch schon seit 1985 leitet Volker Riske das Weingut Erwin Riske, den vielleicht unbekanntesten aller Ahr-Spitzenbetriebe. Dabei hat der Dernauer Winzer eine bewundernswert glasklare Vision, wie seine Weine sein sollen: klassische Burgunder mit animierender Säure und nicht zu viel Alkohol. »Das machen auch die Franzosen nicht anders, ansonsten hat man ein Niederbrennen der Feinheit«, erklärt er seinen Ansatz.

Es sind vielleicht die bekömmlichsten Weine der Ahr, sie wirken stets feinfruchtig und leicht, machen nie satt. Schönheitskorrekturen gibt es bei Volker Riske nicht. Kein Säureabbau neben der malolaktischen Gärung, vorher Reinzuchthefe für die Sortentypizität. Wenn Spätburgunder auf der Flasche steht, dann ist er hier auch zu 100 % drin – außer im Literbereich. Die Rieslinge des 6,5-ha-Betriebs stammen vom Mittelrhein, aus der Lage Leutesdorfer Gartenlay.

Winzermeister Volker Riske stellt die vierte Generation im Weingut, und er wird fast poetisch, wenn er über seine Weine spricht. Zum Beispiel über die nötige Ertragsbegrenzung. Auf 40 hl/ha fährt er seine durchgegorenen Spitzenweine, bei 90 hl/ha liegen die mittleren Qualitäten. Stolze 25 % seiner Produktion sind Barrique-Weine, die vor allem in »medium toasted« Allier-Eiche liegen, dem Standard an der Ahr. Alle zwei bis drei Jahre gibt es einen Eiswein – wenn der alte ausverkauft ist. Am besten probiert man Volker Riskes Weine in der heimeligen Straußwirtschaft »Weinstübchen«. Die Spezialität dort ist übrigens die Kartoffel-Lauch-Cremesuppe.

Der besondere Tipp:
»Cuvée BoulevAhr« trocken: Extrem süffig und klar in den Aromen – eine der schönsten Ahr-Cuvées. Sie besteht aus Dornfelder, Portugieser, Spätburgunder und Frühburgunder – ein »Spaziergang durch die Weinberge«, wie Riske in seiner Preisliste schreibt (siehe auch »Henns Lieblingsweine« auf S. 173).

»Großes Holzfass«
Weingut Reinhold Riske
Wingertstr. 32
53507 Dernau
Tel. 02643/7020
www.weingut-reinhold-riske.de
Öffnungszeiten: Nach Vereinbarung
Beste Lagen: Dernauer Pfarrwingert, Neuenahrer Schieferlay

Flaschen »Open Air«

Eine Weinprobe beim bodenständigen Bernd Riske ist ein bisschen wie Austern öffnen. Nicht in allen sind Perlen. Der Winzer hat das Gut 1995 von der Mutter übernommen und schwört auf das schwer zu reinigende große Holzfass und gönnt den meisten Rotweinen mindestens sechs Monate darin. Ungefähr jedes zweite Jahr gibt es einen Barrique-Wein – wenn es die Qualität des Mostes zulässt. Nur 50 % der Weine werden trocken ausgebaut, der beste Frühburgunder landet im Barrique und ist nach Sohn Julian benannt. Tochter Alina hat es zum Eiswein gebracht, der aber nur selten erzeugt wird.

Bernd Riske spricht hinsichtlich seiner Tropfen aus dem großen Holzfass von »neutralen Weinen«, da sie an Fruchtaromatik durch den klassischen Ausbau verlieren. »Sie sollen auch nicht superweich sein, sondern Biss haben«, beschreibt Bernd Riske seine Top-Weine treffend. Der Durchschnittsertrag der Wein-

Symmetrie der Flaschen im Weingut Reinhold Riske

berge liegt bei 75 hl/ha, 80 – 85 °C Öchsle erreichen die Trauben im Mittel. Weißwein spielt keine Rolle, nur 600 Stöcke hat Bernd Riske, dazu kommt ein »Blanc de Noirs« namens »Riske's Variation«.

Wer Weine des 1957 gegründeten, 2,5 ha großen Weingutes erstehen möchte, muss selbst nach Dernau fahren. Denn bis auf den Ausschank in einem Restaurant werden alle Weine ab Hof verkauft.

Der besondere Tipp:
»Dernauer Pfarrwingert« Spätburgunder Auslese trocken: Nur in besten Jahren gibt es diesen zartrauchig-stoffigen Wein aus der Dernauer Spitzenlage. Grand Cru? Grand Max!

Weingut Max Schell
Rotweinstr. 41
53506 Rech
Tel. 02643/3580
www.max-schell.de
Öffnungszeiten: Mo – Fr 9 – 17 Uhr, Sa und So 9 – 18 Uhr
Beste Lagen: Recher Herrenberg (8), Recher Blume (6), Dernauer Goldgaul (11)

Das Familienweingut Max Schell liegt in der Gemeinde Rech. Es wird heute in dritter Generation vom Enkel des Gründers, Wolfgang Schulze-Icking, geführt. Qualitätsorientierter Rebschnitt, naturnahe Pflege der Weinberge und selektionierende Handlese sollen zu hochwertigem Lesegut führen. Durch schonende Traubenverarbeitung, individuelle Maischegärung und traditionelle Holzfasslagerung will man einen samtigen, feinfruchtigen Charakter erhalten. Zwei Ferienwohnungen und eine Weinprobierstube sind im Weingut integriert.

Der besondere Tipp:
»Grand Max« Spätburgunder Qualitätswein, trocken. Der Spitzenrotwein des Hauses zeigt, was hier möglich ist.

»Labor und Weingut«
Weingut Paul Schumacher

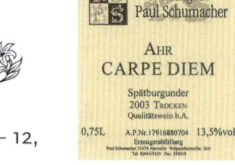

Marienthaler Str. 6
53474 Marienthal
Tel. 02641/4345
Öffnungszeiten: Mo – Di & Do – Fr 9 – 12,
Sa/So 10 – 12 Uhr
Beste Lagen: Mayschoßer Mönchberg, Walporzheimer Kräuterberg, Marienthaler Trotzenberg, Ahrweiler Silberberg

 Paul Schumacher arbeitete lange Jahre als Kellermeister im Heppinger Spitzenweingut Burggarten – das sagt bereits viel über seine Qualitäten als Weinmacher. Er betreibt auch ein Weinlabor, in welchem er viele Ahrtaler Spitzenweine regelmäßig untersuchen muss. Sein eigenes Weingut ist angesichts dieser Tatsachen überraschend

Das Team im Weinberg – Eric und Vater Paul Schumacher.

Weinstube Römergewölbe

unbekannt. Doch die Erklärung ist leicht: Marketing ist Paul Schumachers Sache nicht, er macht wenig Gerede um seine Weine. Doch sie hätten es verdient, kaum andere Weine aus dem Tal bieten so viel Spannung und klare, präzise Frucht. Schumacher ist der Aufsteiger schlechthin der letzten Jahre an der Ahr.

1998 gründete Paul Schumacher sein eigenes Weingut, mittlerweile ist Sohn Eric für den Außenbetrieb zuständig, 3,5 ha werden bewirtschaftet. Bei den Rotweinen geht der Marienthaler Winzer folgendermaßen vor: acht bis vierzehn Tage Maischegärung, danach mindestens sechs Monate in Eichenholzfässern. Es gibt nur eine Filtration, und die erst bei der Flaschenfüllung. Ergebnis sind Weine der frischkernigen Art, sehr burgundisch.

Der besondere Tipp:
Spätburgunder »PurPinot«: Der unter den Spitzenweinen aus Walporzheimer Kräuterberg und Marienthaler Trotzenberg angesiedelte Spätburgunder bietet unheimlich viel Pinot-Finesse für den Preis.

»Edle Burgunder«
Weingut Sermann-Kreuzberg
Seilbahnstr. 22
53505 Altenahr
Tel. 02643/7105
www.sermann.de

Öffnungszeiten: Do – Di 10 – 18 Uhr
Beste Lagen: Altenahrer Eck, Mayschoßer Burgberg,
Ahrweiler Rosenthal

Klaus Sermann sagt, er wisse nicht, warum sein Weingut erst in den letzten Jahren so ins Bewusstsein der Weingenießer vorgedrungen ist, groß geändert habe er nichts. Es mag sein, dass er heute wie damals gleichermaßen gewissenhaft in Weinberg und Keller arbeitet, aber eine neue Presse, eine neue Kühlung, neue Stahltanks und die Anschaffung von Barriques dürften der Weinqualität geholfen haben.

Sermann-Kreuzberg ist ein vergleichsweise junges Weingut, wurde es doch erst 1936 gegründet. Heute wird es in der dritten Generation geführt. Weinbau gibt es in der Familie aber schon seit 1775, lange Zeit in der Winzergenossenschaft. Klaus Sermanns Bruder ist übrigens Betriebsleiter und Kellermeister bei Brogsitter. Rund 7,5 ha werden heute bewirtschaftet, davon 50 % in Steillage. »Manchmal kippt der Trecker um«, berichtet Klaus Sermann schmunzelnd – er sieht dabei erfreulich heil aus. Die Philosophie des Hauses ist »Qualität zum kleinen Preis«, und sie ist in jedem Glas Sermann-Kreuzberg-Wein schmeckbar. Knapp 70 % Spätburgunder stehen in den Weinbergen, 13 % Frühburgunder und 11 % Riesling – hinter der letzten Zahl verbirgt sich eine Besonderheit. Denn an der Mosel, in der Lage Trittenheimer Altärchen, haben die Sermanns 30 Ar Riesling von Verwandten gepachtet.

Doch Weingenießer sollten vor allem auf die Burgunder achten, die hier filigranfeminin, französisch-mi-

Das Altenahrer Gut Sermann-Kreuzberg

neralisch und dabei überhaupt nicht anbiedernd, sondern edel daherkommen. Es ist unzweifelhaft ein regionaler Weinstil, aber doch deutlich vom Burgund beeinflusst – und dies bereits bei den eher fruchtigen Basisweinen! Alle werden mit Reinzuchthefen vergoren, edelsüße Kreszenzen gibt es aus Prinzip nicht. Dafür aber etwas wahrscheinlich Einmaliges, wofür Weinfans jedoch schnell sein müssen: Maibowle mit Müller-Thurgau aus dem Ahrtal. Ein eigenes Erzeugnis, das nur im Mai lieferbar und stets im Handumdrehen ausverkauft ist.

Der besondere Tipp:
»Mayschoßer Burgberg« Frühburgunder trocken »Im Barrique gereift«: Ein leicht-eleganter Wein mit sehr dominantem Holz. Im Bukett kirschfruchtig mit schöner Würze, dazu Süßholz-Lakritz. Hervorragend auch der Altenahrer Eck Spätburgunder trocken, ein sehr ernsthafter Pinot Noirs für kleines Geld mit feinkörnigen Tanninen, reintöniger Frucht und mineralischem Biss.

Der Verband Deutscher Prädikatsweingüter

Hinter dem Kürzel VDP steckt der Verband Deutscher Prädikatsweingüter (www.vdp.de). Dessen Mitglieder haben sich zu strengeren Vorgaben bei der Weinerzeugung verpflichtet, als sie das deutsche Weingesetz vorsieht (reduzierte Erträge, höheres Mostgewicht in den jeweiligen Prädikatsstufen). Zudem erfüllt ein VDP-Gut weitere strenge Kriterien. Unter anderem muss es über gute und beste Weinbergslagen verfügen, 80 % gebietstypische Rebsorten anbauen und seine Weinberge (mindestens) nach den Regeln des integrierten Weinbaus bewirtschaften. Es muss außerdem zulassen, dass der Betrieb alle fünf Jahre kontrolliert wird. Erkennbar sind VDP-Weine am »Adler mit der Traube« auf der Kapsel.

Der Regionalverband Ahr ist einer der wenigen, der von sich behaupten kann, nahezu alle Spitzenweingüter seines Anbaugebiets vereinigt und kein qualitativ schwarzes Schaf unter den Mitgliedern zu haben. Das ist leider nicht in allen deutschen Weinbauregionen der Fall. Mitglieder im VDP-Regionalverband Ahr sind die Weingüter J.J. Adeneuer, Deutzerhof, Kreuzberg, Meyer-Näkel, Nelles und Jean Stodden. Zusammen erzeugt man auch einen streng limitierten Ahrtaler »Portwein«.

»Barrique? Nein, danke!«
Weingut Sonnenberg –
Görres-Linden
Heerstr. 98
53474 Bad Neuenahr-Ahrweiler
Tel. 02641/6713
www.weingut-sonnenberg.de

Öffnungszeiten: Mo – Fr 10.30 – 12 Uhr &
14 – 18 Uhr, Sa 10.30 – 14 Uhr, So/Feiertags 10.30 – 12 Uhr
Beste Lagen: Neuenahrer Sonnenberg und Schieferlay

Marc Lindens Power (neben dem Weingut gibt es noch eine
Straußwirtschaft und Gästezimmer, zudem ist er als Veranstal-
ter von Events rund um den Wein sehr aktiv) ist beeindruckend.
Er hat sie sicher auch dank seiner Frau, seiner Kinder und dank
seines leider verstorbenen Großvaters Norbert Görres, den er
sehr verehrte. 2005 legte Marc Linden, der bei Spitzenweingü-
tern in Baden und im Rheingau gelernt hat, als bester Meister
aller grünen Berufe in Rheinland-Pfalz seine Winzermeisterprüfung mit der Note 1,2 ab. Dass er ein kluger Kopf ist, hat er auch
mit einer Erfindung gezeigt: ein Maischedurchflussentsafter. Ein
cleveres Stück Technik, welches das Winzerdasein erleichtert
und die Weinqualität steigert. Dabei passt Modernität eigentlich
gar nicht zu dem Betrieb, der ein wenig der Bewahrer des guten
Alten im Ahrtal ist. Alle setzen hier mittlerweile auf das französische Barrique-Fass, doch kaum jemand so vorsichtig wie Marc
Linden. Er will Weine, bei denen die Frucht spricht und nicht das
Holz. Das vom Preis/Genussverhältnis beeindruckendste Beispiel dafür ist der trockene Spätburgunder aus der Schieferlay,
einer der Spitzenlagen Bad Neuenahrs. Ein ungemein leckerer
Beweis, dass es auch an der Ahr im besten Sinne günstige Weine
gibt. Das Tal hat den Ruf, sehr hochpreisig zu sein – jedoch darf
man die harte und zeitintensive Arbeit in den Steillagen dabei
nicht vergessen.

Auf 6,7 ha Weinbergen werden vor allem Spätburgunder (70 %),
Grauburgunder (10 %), Weißburgunder (10 %) und Frühburgunder (6 %) angebaut. Wer sie im Weingut verkostet, sollte auf
jeden Fall auch einen Blick in den alten Bruchsteingewölbekeller
mit Schatzkammer werfen.

Der besondere Tipp:

»Neuenahrer Schieferlay« Spätburgunder trocken

Marc Lindens trockener Spätburgunder von der Schieferlay duftet nach Weichselkirsche, Erdbeere und Hagebutte, er ist geschmeidig, doch mit Spannung, bietet feine Röstnoten und burgundische Gerbstoffe. Am Gaumen ist er vollmundig und mit toller Frucht. Unprätentiös, erdverbunden, ohne Schminke und Chichi. Ideal zur Stärkung auf dem legendären Rotwein-Wanderweg.

Heute ein Schmuckstück: das Weingut Sonnenberg

»Die französische Seite des Ahrtals«
Weingut Jean Stodden

Rotweinstr. 7 – 9
53506 Rech
Tel. 02643/3001
www.stodden.de
Öffnungszeiten: Mo – Fr 9 – 18 Uhr, Sa 10 – 13 Uhr
Beste Lagen: Recher Herrenberg, Ahrweiler Rosenthal,
Neuenahrer Sonnenberg, Mayschoßer Mönchberg

10

Niemand im Ahrtal bekannte sich so offen zu seiner Liebe für das Burgund wie der 2013 verstorbene Gerhard Stodden. Keiner nannte das große Vorbild so deutlich, und niemand erreichte es in ähnlicher Manier. Heute sind die Weine von Sohn Alexander, der nach dem Studium in Südafrika und den USA 2001 in den elterlichen Betrieb einstieg, vielleicht die einzigen, die man in eine Blindverkostung französischer Pinot Noirs schmuggeln könnte, ohne dass sie als Piraten auffielen. Doch es sind nicht nur die frankophilsten Weine der Ahr, sondern auch die gerbstoffbetontesten. Ein Stil, der vollkommen weggeht vom samtig-leichten Typ und es doch schafft, die Filigranität der Rebsorte zu erhalten. In den Basisweinen von Alexander Stodden kann der massive Gerbstoff zu viel sein für manchen Weinfreund – bei den edlen Spitzen, die nicht nur zu den teuersten Rotweinen der Ahr, sondern ganz Deutschlands gehören, ergeben sie ein wunderbares Ganzes mit Frucht und Mineralität. Sie gehören zu den besten des Landes. Ein leichter Stilwechsel ist zu bemerken: weniger Alkohol, weniger Tannine, mehr Frucht. Damit sind die Weine sogar noch besser geworden.

Alexander Stodden bewirtschaftet 6,5 ha Weinberge, 90 % davon sind Steillagen. Die wichtigsten Rebsorten sind Spätburgunder (85 %), Frühburgunder (7 %) und Riesling (5 %).

Alle Rotweine kommen ins Holzfass, aber nur diejenigen mit dem Kürzel »JS« haben im Barrique aus Allier-Eiche gelegen, die besten davon ausschließlich in neuem Holz.

Das Weingut Jean Stodden in Rech.

Alexander Stodden macht es sich auf einem Barrique-Fass bequem.

Gerhard Stodden war der Erste, der seine Weine unfiltriert abfüllte – bis heute sind leider nur wenige seinem Vorbild gefolgt. Eine andere Besonderheit beim Weingut Jean Stodden ist die ungewöhnlich lange Maischegärung. Zwei bis drei Wochen dauert sie, um möglichst viele Tannine zu extrahieren. »Stodden gelingt der Spagat zwischen Strenge und Finesse«, schrieb ein Kollege – besser kann man es nicht ausdrücken. Die sehr gerbstoffbetonten Weine wirken in der Jugend manchmal karg und trocken wie Nussschalen – wobei sie dank Alexander Stodden deutlich charmanter geworden sind. Sie sind zudem auch duftig, mit feinen parfümartigen Nuancen von Kräutern und Süßkirschen, die Großes erahnen lassen. Die Weine werden hier für ein hohes Alter gekeltert – eine Erholung in unserer schnelllebigen Zeit. Wer diese Weine in der Jugend trinkt, tut sich und ihnen keinen Gefallen.

Seit 1578 ist die Familie im Weinbau tätig, 1900 kelterte Alois Stodden seinen Wein erstmals selbst. Was Gerhard Stodden und Sohn Alexander einmal leisten würden, hätte wohl niemand erahnt. Neben all seinen anderen Verdiensten wurde der »Recher Herrenberg« allein durch ihn zur berühmten Spitzenlage. Seit einigen Jahren setzt sich das Gut auch für wurzelechte Reben ein. Im Top-Weinberg des Hauses stehen Stöcke, die vor 1940 und Anfang der 1950er Jahre gepflanzt wurden. Diese damals selbst gezogenen Pflanzen sind klein- und lockerbeerig. Das hochkarätige Erbgut wird seit einigen Jahren von der Familie Stodden vermehrt und ist auch im Ahrweiler Rosenthal gepflanzt worden

Der besondere Tipp:
»Recher Herrenberg« Spätburgunder Auslese trocken »JS« Alte Reben: Eine unglaubliche Tiefe in Aromatik und Struktur weist dieser nahezu magische Wein von alten wurzelechten Rebstöcken auf. Vielleicht der verlässlichste Top-Wein der Ahr überhaupt (siehe auch »Henns Lieblingsweine« auf S. 173).

W

»Kuschelweine«
Weinmanufaktur Walporzheim
Walporzheimer Str. 173
53474 Bad Neuenahr-Ahrweiler
Tel. 02641/34763
www.weinmanufaktur-walporzheim.de
Öffnungszeiten: Mo – Fr 09 – 18 Uhr, Sa/So und an Feiertagen
1. Nov. bis 31. Mär. von 10 – 18 Uhr, 1. Apr. bis 31. Okt. von
10 – 18:30 Uhr
Beste Lagen: Lagenportfolio wie Wzg. Mayschoß-Altenahr

Die 1871 von sechs Walporzheimern gegründete Genossenschaft firmiert seit der Fusion mit der Winzergenossenschaft Mayschoß-Altenahr im September 2009 jetzt Weinmanufaktur Walporzheim – dort werden auch die Weine ausgebaut. Durch den Zusammenschluss umfasst die neue Genossenschaft nun fast 400 Mitglieder und bearbeitet eine Rebfläche von 140 ha – und damit rund ein Viertel der Gesamtrebfläche im Tal. Die Walporzheimer Winzervereinigung allein hatte rund 100 Winzer gezählt und rund 20 ha bewirtschaftet – wobei sie auch am Mittelrhein Fläche hatte. In den Steillagen des Ortes Urbar stehen ihre Rieslingweinberge. 1,5 ha der Fläche sind mit der an der Ahr seltenen und vor allem in Franken verbreiteten Neuzüchtung Domina bestockt.

Für Gruppen bietet man allerhand an, das im Vorfeld gebucht werden kann. Zum Beispiel den **Wein-Team-Wettkampf,**

Flaschenparade mit neuen Etiketten

Die Weinmanufaktur Walporzheim gehört mittlerweile zu den Mayschoß Genossen.

bei denen in den Disziplinen Einschlagen von Rebenpfosten, Weinflaschen verkorken und entkorken, Blindweinprobe, Handwerkliches Weinfaßküfern (ein in seine Holz-Einzelteile zerlegtes Weinfaß muss mit original Küferwerkzeug wieder zusammengebaut werden) und Weinflaschenslalom (mit verbundenen Augen auf Anweisung zwischen Flaschen laufen) Sieger ermittelt werden.

Der besondere Tipp:
Ahr-Spätburgunder »XII-Trauben« trocken
zwölf Trauben steht für die Anzahl der Trauben, die am Stock verbleiben durfte. Dies bedeutet ein niedriges Ertragsniveau und damit eine höhere Qualität – also Klasse statt Masse. Umgerechnet erbrachte jeder Rebstock dadurch nur ungefähr 0,5 l Wein. Der Wein ist dadurch füllig, zudem sehr fruchtig mit reifen, deutlich schmeckbaren Gerbstoffen.

Ahr on the road

Dem berühmtesten Winzer der Ahr war das heimische Tal zu klein geworden, und so produziert Werner Näkel mittlerweile auch in Südafrika und Portugal Weine, die jeweils zu den besten des Landes zählen. Das Weingut Heiner & Kreuzberg hat sich ein wenig in die Türkei ausgedehnt. Aber es gibt auch andere Expansionen, die vielleicht weniger aufregend, dafür aber wirtschaftlich dringlicher sind. Hinter diesen steckt eine Kuriosität: Im Rotweingebiet Ahr ist Weißwein gefragt wie nie. Riesling, Müller-Thurgau und »Blanc de Noirs« werden den Winzern aus den Händen gerissen. An der Ahr ist das Rebland aber unbezahlbar geworden – was tun? Man muss nicht in die Ferne schweifen, das Gute liegt so nah. Und zwar am Mittelrhein. Josten & Klein, die Weinmanufaktur Walporzheim und die Weinmanufaktur Dagernova sind dort bereits begütert, andere denken darüber nach. Die Maibachfarm hat sich dagegen an der Mosel eingekauft, wo auch die Weingüter Sermann-Kreuzberg und Mönchberger Hof Parzellen bewirtschaften. Doch vor allem der Mittelrhein scheint – räumlich gesehen – ideal. Leutesdorf liegt beispielsweise geradezu um die Ecke, die Weinberge dort laufen Gefahr, brach zu fallen und sind deshalb zu Spottpreisen zu erstehen. Symbiose im Weinbau, hier kann sie gelingen.

Werner Näkel war der erste »Flying Winemaker« von der Ahr.

Die 10 besten Weingüter der Ahr

Weingut J.J. Adeneuer
Brogsitter Weingüter – Privat-Sektkellerei
Weingut Deutzerhof – Cossmann-Hehle
Weingut H.J. Kreuzberg
Weingut Paul Schumacher
Weingut Meyer-Näkel
Weingut Nelles
Weingut Sermann-Kreuzberg
Weingut Jean Stodden
Weingut Burggarten

10

Henns
10 Lieblingsweine

Weine wachsen einem ans Herz, genauso wie sie im Weinberg Wurzeln schlagen. Jeder Weingenießer hat Lieblingsweine – selbst wenn er stets auch den neuesten Kick sucht. Es sind die Gewächse, auf die er jedes Jahr wartet, weil es ihn interessiert, wie sie dieses Mal ausfallen werden. Weil sie eben nicht wie Limonade jederzeit gleich schmecken. Weine, deren Grundstruktur, deren Aromenspektrum, ja deren Persönlichkeit ihn gefangen genommen haben. Die Weinkonstanten im Leben des Genießers. Gute Freunde, die man regelmäßig trifft und schaut, was aus ihnen geworden ist. Die folgenden Weine – so unterschiedlich sie sind – sind mir ans Herz gewachsen. Sei es, weil sie mir den schwülen Sommer erträglicher, den frostigen Winter behaglicher oder einen launigen Abend einfach nur schöner machen. Sie fallen mal sehr gut, mal überragend aus, und nicht in jedem Jahr entsprechen sie dem Ideal, das ich hier beschreibe. Einen Versuch sind sie jedoch immer wert, denn in gelungenen Jahren zählen sie zum Besten und Interessantesten, was die Ahr zu bieten hat.

Weingut Erwin Riske
Cuvée »BoulevAhr« trocken
Von allen roten Ahr-Cuvées, bei denen Spätburgunder (zumeist mit Dornfelder) verschnitten wird, ist diese die überzeugendste. Viele Ahr-Cuvées können das Vorurteil nicht widerlegen, dass es sich nur um Resteverwertung unter einem schicken Namen handelt. Der »BoulevAhr« dagegen vermählt auf das Eleganteste Dornfelder, Portugieser, Spätburgunder und Frühburgunder, ist in seinen Aromen rein und so schlank, dass man gerne ein zweites und drittes Glas trinkt.

Weingut Jean Stodden
»Recher Herrenberg« Spätburgunder
Auslese trocken »JS« Alte Reben
Es ist bei jedem Jahrgang ein ganz besonderes Vergnügen, darüber zu diskutieren, welcher Wein aus der häufig atemberaubenden

Kollektion Alexander Stoddens denn nun der allerschönste ist. Es findet sich immer jemand, der den »Alte Reben« ganz nach oben aufs Treppchen setzt. Der Name wurde gewählt, da der Wein aus einer der seltenen Parzellen mit wurzelechten Rebstöcken stammt. In seiner Jugend ist der »Alte Reben« häufig einen Tick verschlossener als seine Brüder von jüngeren Rebanlagen, doch man spürt die Kraft für ein hohes Alter in ihm schlummern. Er wirkt massiver und strukturierter, als wäre seine Maserung noch feiner als bei den anderen großen Stodden-Weinen. Der »Alte Reben« ist ein Monument des Ahrweinbaus.

Weingut Sonnenberg
Landwein trocken Holzfass

Marc Linden lebt und liebt den klassischen Ahrweintyp. Dieser Literwein ist im Holzfass ausgebaut und besonders in sehr reifen Jahren ein echtes Schnäppchen und ein wunderbarer Zechwein. Und das alles für kleines Geld. Es ist ein Wein aus 80 % Portugieser und 20 % Spätburgunder. Sehr fruchtig, wenig Gerbstoffe, harmonisch, nicht übermäßig Alkohol. Den kann man auch leicht gekühlt im Sommer wunderbar trinken. Der Wein ist völlig unkompliziert, will nicht, dass man über ihn nachdenkt, sondern ihn einfach trinkt. Das kann er gerne haben!

Lieblingsweine der Winzer

Erstaunlich: Fragt man die Spitzenwinzer der Ahr nach ihrem Lieblingswein im eigenen Sortiment, nennen sie nicht die alkoholstarken Granaten, die bei Wettbewerben regelmäßig abräumen, sondern die Spitzenweine, die einen Tick – auch preislich – darunter stehen. Bei Werner Näkel ist es der »Blauschiefer«, Wolfgang Hehle nannte immer seinen »Caspar C.« und Thomas Nelles holt den »B 48« hervor. All dies sind Weine, die zwar konzentriert sind, bei denen aber die Frucht im Vordergrund steht. Es sind Weine, die zum zweiten Schluck animieren. Darüber kommen die »Meditationsweine«, von denen man nicht mal eben zwei Gläser trinken kann, weil sie einen fordern, mit Alkohol, mit Tanninen – faszinierende Weine, aber eben auch ein bisschen anstrengend. Der »Blauschiefer« oder der »Caspar C.« zeigen dagegen das Maximum an Eleganz und Frucht – ohne schwer zu sein. Die Winzer wissen schon, was sie trinken.

Große Weine können reifen – im geeigneten Keller.

Weingut J.J. Adeneuer
Walporzheimer Gärkammer Spätburgunder trocken

Lange hielt sich die Legende, die Walporzheimer Gärkammer sei mit ihren 0,68 ha die kleinste Weinlage Deutschlands – das ist sie nicht (sondern der 44 Ar große Burkheimer Schlossberg am Kaiserstuhl). Trotzdem zählt sie zu den absoluten Winzlingen in Deutschland. Gemäß der Definition einer Einzellage nach dem deutschen Weingesetz aus dem Jahr 1971 ist sie für eine solche sogar zu klein. Was völliger Blödsinn ist, weswegen alle begrüßen, dass sich in diesem Fall niemand daran hält.

Die Gärkammer ist aber nur von ihrer Größe her ein Winzling. Von der Qualität her gehört sie zu den Riesen unter Deutschlands Weinbergen. Der Schriftsteller Johann Gottfried Kinkel beschrieb sie 1849 als edelste Lage des ganzen Tals. Heute gibt es nur einen Betrieb, der hier Wein erzeugt, denn der Familie Adeneuer gehört die komplette Gärkammer. Und diese XXS-Weinlage bringt einen ganz außergewöhnlichen Spätburgunder hervor. Man kann ihn durchaus heißblütig nennen, was bei der Lage auch nicht wundert. Schließlich stammt ihr Name von der Hitze, die sich hier im Sommer findet. Es ist so heiß hier, dass die Adeneuers alljährlich 1.500 Ballen Stroh in den Weinberg tragen, damit die Feuchtigkeit im Boden gehalten wird. Die Mühe lohnt!

Weingut H.J. Kreuzberg
Spätburgunder Spätlese trocken »Unplugged«

Ein Wein als Statement. »Unplugged« ist in der Musik der Begriff für akustische, also »ausgestöpselte« Aufnahmen. Musik ohne Technik. So soll dieser Wein sein, ohne Technik, ohne Tricks und doppelten Boden. Ludwig Kreuzberg sagt selbst, dass der Wein nicht viel anders produziert wird als der Rest seiner Kollektion. Unabhängig davon ist er aber so etwas wie das Idealbild des Hausstils: ein samtiger Spätburgunder mit feinem Tanninrückgrat, das ihn niemals zu ernst erscheinen lässt. Die würzige Frucht steht im Vordergrund, und der Wein spricht bei jedem Schluck von seiner Heimat, dem Ahrtal.

Weingut Sermann-Kreuzberg
Mayschoßer Burgberg Frühburgunder trocken
»Im Barrique gereift«

Ein Frühburgunder von der Ahr darf in dieser Liste natürlich nicht fehlen. Der im Barrique ausgebaute von Sermann-Kreuzberg ist nicht nur einer der besten des Tals, sondern vielleicht auch der mit dem besten Preis-Genuss-Verhältnis. Das Holz ist sehr dominant bei diesem leicht-eleganten Wein, der mit seiner Kirschfruchtigkeit verführt und den Genießer mit wunderbarer Würze und Süßholz umschmeichelt. Er hat sehr viel Noblesse für einen Frühburgunder, ist dicht gewoben und faszinierend rauchig. Ein Gentleman-Frühburgunder, der auch die Power hat, ein paar Jährchen im Keller zu reifen.

Weingut Deutzerhof
Chardonnay trocken

Es ließen sich viele außergewöhnliche Weine des Deutzerhofs in dieser Liste präsentieren: der beste Rosé, einer der zwei Vorzeige-Dornfelder, fantastische edelsüße Rieslingauslesen. Das Team des Deutzerhofs beherrscht die Vielfalt. Auch der Chardonnay ist der beste seiner Klasse, kein weißer Burgunder an der Ahr ist überzeugender. Das Beeindruckende an diesem Wein ist, dass er einen solch eigenständigen Chardonnay-Typus darstellt. Schlank-mineralisch, mit nur einem Hauch der Buttrigkeit, die deutschen Chardonnay häufig so schwer und massiv wirken lässt. Hehles Chardonnay ist frisch, fein ziseliert in seiner Struktur und berauschend in seiner Frische. Zitrus, Vanille, weißer Pfirsich – alles präzise wie mit dem Lineal gezogen. Vor Jahren hätte niemand für möglich gehalten, dass solch ein enigmatischer Chardonnay von der Ahr kommen könnte.

Die Jahrgangs-Lüge

Jeden Herbst das gleiche Spiel: Der Blätterwald rauscht, weil der neue Jahrgang mal wieder ein Jahrhundertjahrgang und natürlich deutlich besser als der Vorgänger ist. Schließlich will der Wein verkauft werden.

Kurz darauf wird der Jahrgang bewertet. Mit Sternen oder Punkten wird er eingestuft, so, als ließe sich die Güte eines Jahrgangs messen wie Temperatur oder Windstärke. Nicht nur innerhalb Deutschlands kann der Jahrgang in einem Gebiet famos geraten sein, in einem anderen ernüchternd. Auch in den Weinbaugebieten selbst – vor allem in den großen – gibt es noch einmal subregionale Unterschiede. Dazu kommen dann noch die Lagen. Die Walporzheimer Alte Lay ist zum Beispiel eine Lage für feuchte Jahre, da sie sehr durchlässigen Boden aufweist. In trockenen Jahren leiden hier die Reben allerdings eher. Dann hat zum Beispiel der benachbarte Walporzheimer Kräuterberg die Nase vorn. Grundsätzlich gilt zwar: Trockene Jahrgänge gelingen im unteren Ahrtal mit seinen fetteren Böden besser, feuchte dagegen an der mittleren Ahr mit ihren kargen Schieferböden. Aber im Detail stimmt selbst diese Aussage nicht.

Die größte Krux ist sicher, dass es keinen Jahrgang gibt, der für alle Weintypen gut ist. Nehmen wir als Beispiel den 2003er. Wer erinnert sich nicht an den quälenden Sommer? Tatsächlich gab es so viele famose Trockenbeerenauslesen wie noch nie in Deutschland – aber wer einen leichten Sommerwein suchte oder einen Spitzenrotwein mit moderatem Alkoholgehalt, der fand ihn nicht, weil er in so einem heißen Jahr nicht möglich war. Ob Riesling, Burgunder, Rotwein – jede Spielart hat eigene Ansprüche an das Klima. Ob trocken, halbtrocken, mild oder edelsüß – was dem einen nützt, »schadet« dem anderen.

Und um die Verwirrung perfekt zu machen, kommt auch noch jeder Winzer besser oder schlechter mit einem Jahrgang klar. Misstrauen Sie deshalb grundsätzlich allen Jahrgangstabellen, denn sie können nicht mehr als grobe Anhaltspunkte liefern. Viel wichtiger sind der Winzer und sein Stil. Sagt der ihnen zu, wird dies auch über die Jahre hinweg so bleiben. Da ist das Leben des Weingenießers dann Gott sei Dank wieder einfach.

Winzergenossenschaft Mayschoß
Altenahrer Eck Riesling Eiswein

Die Winzergenossenschaft Mayschoß ist die ungekrönte Königin der edelsüßen Weine des Tals. Jedes Jahr legt sie es darauf an, dass die Natur ihre reifsten Trauben schockgefriert – und wie oft hat sich das Warten schon gelohnt! Ihre kristallklaren, mit einer rassigen Säure ausgestatteten edelsüßen Ausnahmeweine können sich mit der berühmten Konkurrenz deutscher Rieslingregionen messen, sind verglichen mit diesen trotz des hohen Preises sogar echte Schnäppchen. Wer die Eisweine der Mayschoßer Genossenschaft verkostet, wird traurig, dass nicht mehr Ahrwinzer jedes Jahr ein wenig mehr riskieren, um Ähnliches zu ernten.

Weingut Meyer-Näkel
Riesling trocken

Die Auswahl dieses Weins soll weiß Gott kein Affront gegen Werner Näkels atemberaubende Rotweinkollektion sein, aus der häufig der Walporzheimer Kräuterberg als Primus inter Pares, als charaktervollster und würzig-balsamischster Spätburgunder herausragt. Aber dieser trockene Riesling ist vielleicht der schönste der Ahr. Mineralisch-verspielt mit brillanter Frucht und Länge hat er alles, was ein solcher Wein braucht. Aromen von grünem Apfel und Cassis springen geradezu aus dem Glas. Werner Näkel folgt nicht dem Irrglauben, ein moderner trockener Riesling müsste alkoholisch und muskulös sein. Die Kunst liegt in der Konzentration auf das Wesentliche und darin, dem Riesling das flirrend Leichte zu erhalten, zu dem keine andere Rebsorte in dieser Perfektion fähig ist. Ein wunderschön ausbalancierter Riesling mit viel Trinkfreude, jung zu genießen.

Weingut Burggarten
Spätburgunder trocken »Blanc de Noirs«

Der berühmteste (und zumeist auch beste) »Blanc de Noirs« des Tals ist Werner Näkels »Illusion«, ein weißer Wein aus roten Trauben. Neben der Ahr-Cuvée ist dieser Weintyp der zweite große Ahrweintrend unserer Zeit. Paul Schäfers Spätburgunder Weißherbst ist modern und fruchtbetont vinifiziert. Früher wurde er sogar im Barrique ausgebaut und wies viele Toastaromen auf, heute setzt er auf Frische und eine herrlich klare Frucht. Auch andere Weißweine wie die Barrique ausgebauten Weißburgunder »S« oder Chardonnay »S« gelingen hier richtig prima. Die Schäfers sind nicht nur bei den Rotweinen, sondern mittlerweile auch bei den Weißen top!

Weinstuben und Restaurants

Straußwirtschaften an der Ahr

Kein Besuch an der Ahr vergeht ohne eine Einkehr in die lauschigen Straußwirtschaften und Weinstuben. Straußwirtschaften dürfen nur wenige Monate im Jahr geöffnet haben und dienten ursprünglich den Winzern zur wirtschaftlichen Unterstützung. In den Straußwirtschaften wird meist der selbst erzeugte Ahrwein vermarktet. Das Ambiente ist häufig sehr unterschiedlich – mal rustikal, dann wieder schlicht oder auch mediterran. Ein Strauß am Eingang zeigt, ob der Ausschank geöffnet ist. Die Wirtschaften liegen zum Großteil an der Mittelahr, viele in unmittelbarer Nähe des Rotweinwanderwegs oder des AhrSteigs.

Winzerhof Atrium in Dernau

Familie Kreuzberg
Bachstr. 6
53507 Dernau
Tel. 02643/2244
atrium-winzerhof@dernau.de
www.atrium-dernau.de
Öffnungszeiten: April bis Nov.: Fr ab 17 Uhr; Sa, So ab 12 Uhr

Die privat geführte Straußwirtschaft inmitten des Städtchens Dernau entspricht allen Erwartungen einer typischen und kleinen Besenschänke. Im blumengeschmückten Innenhof gibt es gemütliche Sitzgruppen, Flammkuchen, Brotzeiten und Weine von der Dagernova Weinmanufaktur.

Straußwirtschaft H. Pauly

Bachstr. 22
53507 Dernau
Tel. 02643/900940
weingut.adenbach@gmx.de
Öffnungszeiten: Mai, Mitte Aug. – Mitte Nov.:
Fr – So, Feiertage ab 12 Uhr durchgehend

Der Weinbaupräsident der Ahr präsentiert die Weine seines
Weingutes in Ahrweiler in seiner sehr gemütlichen und famili-
engeführten Straußwirtschaft. Neben einem kleinen Angebot an
Speisen bietet die Familie Pauly Weine aus den Lagen Der-
nauer Burggarten, Walporzheimer Alte Lay und Heimersheimer
Burggarten an.

Weincafé »Am Weintürmchen«

Matthias Kriechel
Bergstr. 23
53507 Dernau
Tel. 02643/2610
matthias.kriechel@arcor.de
www.am-weintuermchen.de
Öffnungszeiten: Jan. – Okt.: Mo – Fr: ab 12 Uhr;
Sa, So, Feiertage ab 11 Uhr

Ramona und Matthias Kriechel begrüßen Sie in der entspann-
ten und romantischen Atmosphäre des Weincafés Kriechel.
Neben leckeren hausgemachten Kuchen, herzhaften kalten und
warmen Speisen werden die Weine der Dagernova Weinmanufaktur angeboten. Matthias Kriechel bietet – nach vorheriger
Absprache auch sehr schöne Weinwanderungen an.

Weingut Josef Becker

Inh. Heinz Becker
Rotweinstr. 40
53506 Rech
Tel. 02643/7007
Fax 02643/2397
j.h.becker-ahr@t-online.de
Öffnungszeiten: Mai – Okt.: Mo – So 13 – 20 Uhr

Heinz und Heidi Becker bieten in Rech ein kleines Angebot an Speisen und eigenen Weinen an. Es ist stets gemütlich und lustig im Innenhof des Weingutes.

Weingut Adolf Schreiner

Rotweinstr. 23
53506 Rech
Tel. 02643/8590
Fax 0243/1394
weingut.adolfschreiner@t-online.de
www.weingut-adolf-schreiner.de
Öffnungszeiten: Mai, Sept. – 2. Advent:
Sa, So, Feiertage ab 11.30 Uhr durchgehend

Eine klassische Straußwirtschaft finden Sie im Weingut Adolf Schreiner vor. Viel rustikales Holz, eine sympathische Winzer-familie und gute Hausmannskost. Die Weine sind aus eigener Herstellung. Highlight im Hause Schreiner ist der Lucia-Markt. Der Glühwein ist über die Grenzen berühmt.

Hof Bärenbach

Bärenbachstr. 15
53506 Rech
Tel. 02643/2072
Fax 02643/9029014
kontakt@hof-baerenbach.de
www.hof-baerenbach.de
Öffnungszeiten: Mai – Juni und Sept. – Okt.: Sa 12 – 20 Uhr;
So, Feiertage 11 – 19 Uhr

Absolut urig und rustikal ist der Winzerhof mit eigenem Backes. Das Steinofenbrot wird in der Saison täglich frisch gebacken und ist nur mit einem Schoppen Wein zu erwerben. Der Fami-lienbetrieb mit 3 ha eigenen Weinbergen ist über die Region bekannt. Wer beim Winzer übernachten mag, findet hier die richtigen Zimmer.

Weingut H.J. Kreuzberg

Schmittmannstr. 30
53507 Dernau
Tel. 02643/1691
Fax 02643/3206
www.weingut-kreuzberg.de
info@weingut.kreuzberg.de
Öffnungszeiten: Mitte Juni – Ende Okt.: Fr 15 – 23 Uhr;
Sa ab 12 Uhr durchgehend; So, Feiertage: 10 – 21 Uhr

Ludwig und Sandra Kreuzberg führen eine der ältesten Straußwirtschaften des Ahrtals und die beiden sind bekannt für
unkompliziertes und geselliges Miteinander. Hier wird zu-
sammengerückt, wenn es eng wird. Mit etwas Glück können
Sie auch einmal dem Gesang des Vaters »Jupp« zuhören –
ein wahres Erlebnis. Die Weine des VDP-Weingutes genießen
höchste Anerkennung.

Meyer Näkel Hofgarten

Bachstr. 26
53507 Dernau
Tel. 02643/1540
Fax 02643/2995
www.hofgarten-dernau.de
info@hofgarten-dernau.de
Öffnungszeiten: Ganzjährig geöffnet, 11 – 23 Uhr

Im Stil einer perfekten Straußwirtschaft präsentiert sich das
Restaurant Hofgarten. Im Außenbereich erwartet Sie ein idylli-
scher Garten mit gemütlichen Korbsesseln. Der Gastraum ist
modern, und die Küche bietet regionale Köstlichkeiten sowie
Weine und Brände von Werner Näkel an.

Gästehaus und Straußwirtschaft »Im Burggarten«

Burgstraße 6–12
53507 Dernau
Tel. 02643 7984
Fax 02643 903112
www.kreuzberg-burggarten.de

Öffnungszeiten: April – Aug.: Fr – Sa 12 – 22 Uhr;
So,Feiertage 12 – 20.00 Uhr
Sept., Okt.: Di – Do 12 – 20 Uhr; Fr – Sa 12 – 22 Uhr;
So, Feiertage 12 – 20 Uhr

Im Jahr 2012 entschied sich Irma Kreuzberg, die Frau des Winzers Herrmann-Josef Kreuzberg, die Straußwirtschaft zukünftig
ganzjährig zu betreiben. Die Straußwirtschaft wurde im Jahr
2002 vom SWR Fernsehen für ihr außerordentliches Flair, ihren
Charme und die hohe Qualität der angebotenen Speisen und
Weine zur »Straußwirtschaft des Jahres« gekürt.

Weingut Erwin Riske
Inh. Volker Riske
Wingertstr. 26–28
53507 Dernau
Tel. 02643/8406
Fax 02643/3531
weingut-riske@t-online.de
www.weingut-riske.de
Öffnungszeiten: 1. Mai – Mitte Juni, 1. Sept. – Mitte Nov.:
Fr 15 – 22 Uhr; Sa 12 – 22 Uhr; So, Feiertage 12 – 20 Uhr;
im Herbst zusätzlich Di – Do 15 – 20 Uhr

Hinter den Mauern des gewaltigen Hauses der Riskes verbirgt
sich eine sehr schöne Straußwirtschaft. Mechthild und Volker
Riske sorgen für ein behagliches Weinambiente, eine sehr gute
Küche (Kartoffelsuppe probieren!) und hervorragende Weine
aus eigener Produktion.

Weingut Paul Schumacher
Marienthaler Str. 6
53474 Marienthal
Tel. 02641/4345
Fax 02641/359419
www.weingut-ps.de
ps-info@weingut-ps.de
Öffnungszeiten: Mai, Sept., Okt.: Sa – So 12–20 Uhr

Im alten Gebäude der Marienthaler Winzergenossenschaft betreibt Anne Schumacher die urgemütliche Straußwirtschaft. Über mehrere Jahre renovierte man Stück für Stück mit viel Schweiß und Liebe fürs Detail die Räumlichkeiten. Heute ist die Straußwirtschaft mit der besonders guten Küche kein Geheimtipp mehr. Es lohnt sich, einen der wenigen Tische vorher zu reservieren.

Weingut Försterhof

Försters Wein-Terrassen
Im Teufenbach 65
53474 Ahrweiler
Tel. 02641/2079315
Fax 02641/34844
www.foersterhof.de
info@foersterhof.de
Öffnungszeiten: Mo – Sa ab 10 Uhr, So ab 9 Uhr

Das Gebäude inmitten der Weinberge erinnert sehr an ein Hundertwasser-Haus. Zahlreiche Formen der Natur finden sich in liebevollen Details der Architektur wieder. Ein traumhafter Blick von der Terrasse sowie ein schönes Ambiente und eine variantenreiche, leckere Küche mit pikanten Wildspezialitäten können Sie hier erwarten. Kinder sind besonders willkommen.

Winzerhof Körtgen

Oberhutstr. 16
53474 Bad Neuenahr-Ahrweiler
Tel. 02641/37113
Fax 02641/905320
info@koertgens.de
www.koertgens.de
Öffnungszeiten: Ende April – Mitte Juli, Ende Aug. – 4. Advent: Mi, Do, Fr 17 – 23 Uhr; Sa, So, Feiertage 14.30 – 23 Uhr

Ute und Chris Körtgen betreiben wohl eine der schönsten Straußwirtschaften in Ahrweiler. Man muss schon ein bisschen suchen und sich trauen, das große Tor zu durchschreiten. Erwarten können Sie einen Innenhof im mediterranen Flair, einen Klavier spielenden Kellermeister mit den besten Sekten der Ahr und eine fantastische Köchin.

Weingut Sonnenberg
Heerstraße 98
53474 Bad Neuenahr-Ahrweiler
Tel. 02641/6713
Fax 02641/201037
www.weingut-sonnenberg.de
info@weingut-sonnenberg.de
Öffnungszeiten: 3. Sept.-Wochenende – Ende Okt.:
Do – Fr 18 – 22 Uhr, Sa 15 – 22 Uhr

Michaela und Marc Linden betreiben mit viel Herzblut die eigene Straußwirtschaft. Mit ihrer freundlichen Art vermitteln sie Gastlichkeit und Lebensfreude. Auch die charmante Einrichtung der Straußwirtschaft mit Kachelofen und Kerzenschein erinnert nicht mehr an den alten Pferdestall, sondern lädt zum Verweilen und Wohlfühlen ein. Michaela verwöhnt mit ihrem Küchenteam die Gäste mit kleinen regionalen Gaumenfreuden oder deftigen Vesperplatten.

FEINE KÜCHE

Brogsitter's »Sanct Peter«

Walporzheimer Str. 134
53474 Bad Neuenahr-
Walporzheim
Tel. 02641/97750
www.sanct-peter.de

Restaurant »Freuden-reich« im Weinhaus Nelles

Göppingerstr. 13
53474 Bad Neuenahr-
Heimersheim
Tel. 02641/6868
www.restaurant-freudenreich.de

Restaurant und Hotel »Hohenzollern«

Am Silberberg 50
53474 Bad Neuenahr-
Ahrweiler
Tel. 02641/9730
www.hotelhohenzollern.com

Idille

Am Johannisberg 101
53474 Bad Neuenahr-
Ahrweiler
Tel. 02641/28429
www.idille.de

Köhlerhof

Remagener Weg 100
53474 Bad Neuenahr-
Lohrsdorf
Tel. 02641/6693
www.koehlerhof.de

Metzlers Restaurant »Habsburg« im Hotel Fürstenberg

Mittelstr. 4 – 6
53474 Bad Neuenahr-
Ahrweiler
Tel. 02641/94070
www.hotel-fuerstenberg.de

Prümer Gang

Niederhutstr. 58
53474 Bad Neuenahr-
Ahrweiler
Tel. 02641/4757
www.pruemergang.de

Steinheuers Restaurant

Landskroner Str. 110
53474 Bad Neuenahr-
Heppingen
Tel. 02641/94860
www.steinheuers.de

Vieux Sinzig

Kölner Str. 6
53489 Sinzig
Tel. 02642/42757
www.vieux-sinzig.de

LÄNDLICHE KÜCHE

Gasthaus Assenmacher

Brückenstr. 12
53505 Altenahr
Tel. 02643/1848
www.gasthaus-Assenmacher.de

Das »Sanct Peter« – ältestes Gasthaus der Ahr

**Restaurant –
Café »Bahnsteig 1«**
Ahr-Rotweinstr. 47
53508 Mayschoß
Tel. 02643/93620
www.bahnsteig1.de

Landgasthof »Poststuben«
Landskroner Str. 110
53474 Bad Neuenahr-
Heppingen
Tel. 02641/94860
www.steinheuers.de

**Straußwirtschaft im
Burggarten**
Burgstr. 6
53507 Dernau
Tel. 02643/7984
www.weingut-kreuzberg.de

**Landgasthof
»Jagdhaus Rech«**
Bärenbachstr. 35
53506 Rech
Tel. 02643/8484
www.jagdhaus-rech.de

**Hofgarten – Gutsschänke
Meyer-Näkel**
Bachstr. 26
53507 Dernau
Tel. 02643/1540
www.hofgarten-dernau.de

**Weingasthaus
»Schäferkarre«**
Brückenstr. 29
53505 Altenahr
Tel. 02643/7128

>**»Ich liebe es, mit Wein zu kochen. Manchmal gebe ich ihn sogar ans Essen.«** (Sprichwort)

Weinrezepte

Wein kann man nicht nur trinken – man kann auch fabelhaft mit ihm kochen. Die folgenden Rezepte sind Klassiker der Ahrtaler und Eifeler Küche.

Herzhaft

Gedünsteter Ochsenbraten
(Rezept für eine große Familienfeier)
3-4 kg Ochsenfleisch am Stück
3 unbehandelte Zitronen
1/2 l Rotwein
1/2 l Fleischbrühe
1 mittelgroße Zwiebel
1 Lorbeerblatt
Salz, Pfeffer

Knochen aus dem Ochsenfleisch schneiden, flach klopfen und mit Salz und Pfeffer einreiben. Über Nacht stehen lassen. Mit dem Fruchtfleisch von zwei Zitronen und der Schale einer Zitrone einreiben und zusammengebunden in eine Kasserole geben. Den Wein und die Fleischbrühe dazugeben, ebenso die geschälten Scheiben einer Zitrone, die Zwiebel und das Lorbeerblatt. Zudecken und auf dem Herd ca. vier Stunden dünsten, bis das Fleisch weich ist. Kann kalt und warm gegessen werden. Als Beilage passen zum Beispiel Salat und Kartoffeln.

Dippehas' (Topfhasen)
1 Hase, bratfertig
Buttermilch, um den Hasen einzulegen
500 g frischer Speck
3 EL Öl
1 EL Butter
6 Zwiebeln
1 l Rotwein
1 Tasse Hasenblut

125 g Schwarzbrot
3 Lorbeerblätter
3 Gewürznelken
8 Wacholderbeeren
1/2 TL Koriander
Salz, Pfeffer

Den Hasen über Nacht in Buttermilch legen. Dann in rund zehn Teile zerlegen, salzen und pfeffern. Zwiebeln und Speck gewürfelt im Schmortopf in Butter und Öl anbraten. Die Hasenteile zugeben, danach das mit Rotwein gemischte Hasenblut. Die Gewürze und das klein gebröselte Schwarzbrot unterheben. Alles aufkochen, dann den Topf gut verschließen und im vorgeheizten Backofen bei 200 Grad auf mittlerer Schiene 1 – 1¼ Stunde schmoren.

Süße Freuden

Ahr-Rotweinsuppe
40 g Sago (oder 60 g normale Speisestärke)
1/2 l Wasser
2 Gewürznelken
Stangenzimt
3 EL Zucker
1/2 l Rotwein
1 Glas Himbeersaft

Sago in kaltes Wasser geben und aufkochen. Zimtstangen und Nelken hinzufügen. Eine Viertelstunde bei niedriger Temperatur köcheln lassen. Erst vor dem Servieren Rotwein und Zucker hinzugeben – nicht zum Kochen bringen! Nach Belieben mit Himbeersaft süßen.

Feenkönigin
1 Glas Sauerkirschen
1/2 Flasche Rotwein
8 Blatt Gelatine
1 l Sahne
Zucker nach Belieben

Die Sauerkirschen entsteinen und eine halbe Stunde im Wein ziehen lassen. Die Gelatine auflösen und zusammen mit der steif geschlagenen Sahne unterheben. Mit Zucker abschmecken.

Buch-Tipp

Die beiden berühmtesten Köche des Ahrtals haben lesenswerte Rezeptsammlungen verfasst:

Hans Stefan Steinheuer:
**»Steinheuer –
Das Kochbuch«**,
Collection Rolf Heyne
(ISBN: 3899102045),
35 Euro

Hans Stefan Steinheuer

Jean-Marie Dumaine:
**»Meine Wildpflanzenküche –
100 Rezepte für Fein-
schmecker«**, AT-Verlag
(ISBN: 3855028230),
29,90 Euro

Jean-Marie Dumaine und
François Couplan: **»Wild-
pflanzen für die Küche –
Botanik, Sammeltipps und
Rezepte«**, AT-Verlag
(ISBN: 3855029423),
23,90 Euro

Jean-Marie Dumaine

Hans Stefan Steinheuer ist Inhaber und Küchenchef in »Steinheuers Restaurant« und im Landgasthof »Poststuben« in Heppingen. Sein Kollege Jean-Marie Dumaine kocht im eigenen Feinschmecker-Restaurant in Sinzig, dem »Vieux Sinzig«.

Weinveranstaltungen

JUNI

Pfingstwochenende:	»Weinmarkt« der Ahr auf dem historischen Marktplatz in Ahrweiler. Krönung der Ahrweinkönigin am Pfingstsamstag
3. Wochenende:	»Weinblütenfest« in Mayschoß Tanz im Freien, Show- und Tanzeinlagen, Wein und traditionelle Spezialitäten
Letztes Wochenende:	»Altenahrer Weinsommer« mit Proklamation der neuen Altenahrer Weinkönigin
Letzter Sonntag:	»Das kleinste Weinfest der Ahr« in Sinzig, Historischer Weinberg am Bahnhof

JULI

1. Freitag:	»LebensAHRt« Gastronomen und Winzer präsentieren typisch regionale Produkte, Speisen und Weine (wechselnder Veranstaltungsort)
3. oder 4. Wochenende:	»Neuenahrer Burgunderfest« auf der Festwiese in den Weinbergen oberhalb von Bad Neuenahr (mit den Weingütern Burggarten, Peter Lingen und Sonnenberg). www.burgunderfest.de

AUGUST

1. Samstag:
»SchlAHRvino« Wein von jungen Winzern für junge Weingenießer mit entsprechendem Rahmenprogramm. Kein fester Veranstaltungsort. SchlAHRvino ist eine Vereinigung junger Winzer (Weingüter Jean Stodden, Peter Kriechel, Franz Coels, Burggarten, Winzergenossenschaft Mayschoß-Altenahr), die den Ahrwein einer neuen Generation näherbringen möchte (www.schlahrvino.de)

3. Wochenende:
»Historisches Weinfest« in Heimersheim mit historischem Winzerfestzug am Samstag

4. Wochenende:
»Ländliches Weinfest« in Walporzheim mit Winzerfestzug am Sonntag und Feuerwerk am Montag

SEPTEMBER

1. Wochenende:
»Winzerfest« in Ahrweiler mit Winzerfestzug am Samstag und Sonntag, Feuerwerk am Montag

2. Wochenende:
»Historisches Weinfest« in Remagen

2. Wochenende:
»Weinmarkt« und »Altstadtfest« in Ahrweiler

3. Wochenende:
»Weinfest« in Rech mit Feuerwerk am Samstag und Winzerfestzug am Sonntag

Vorletztes Wochenende:
Weinfest »Kunst & Wein« in Bachem mit Weinlesezug der 10.000 Lichter am Montag

4. Wochenende:	»Winzerfest« in Dernau mit Winzerfestzug am Sonntag, Feuerwerk am Montag
4. Wochenende:	Eröffnung der »Weinfestwochenenden« am Weinbrunnen in Altenahr

OKTOBER

Alle Wochenenden:	»Weinfest« in Mayschoß
1. – 4. Wochenende:	»Weinfestwochenenden« in Altenahr

DEZEMBER

1. Sonntag:	»Glühweinwandertag« in Rech

Die Highlights im Ahrtal

Gourmet & Wein – Eine Ode an die Sinne

Seit mehr als fünfzehn Jahren schließen sich Top-Winzer und Spitzen-Gastronomen aus der Region zusammen, um Gourmets ein Maximum an Genuss zu bieten. Jedes Jahr finden unter dem Motto »Gourmet & Wein« außergewöhnliche Veranstaltungen statt, die alle Sinne ansprechen. Neben Gaumenfreuden aus Keller und Küche lassen florale Meisterwerke sowie ein künstlerisches Rahmenprogramm den Abend zu einem kulturellen Ereignis der Extraklasse werden. Da die Auftaktveranstaltung, die »Gourmet & Wein-Gala«, meist mehr Interessenten findet, als Karten vorhanden sind, bieten die Einzelveranstaltungen, welche über das Jahr verteilt in der Region in Restaurants und in Burgen stattfinden, ideenreiche und exzellente Alternativen. Bei den Paarungen von Spitzenwinzern und Gastronomen sind Weine und Speisen aufs Feinste aufeinander abgestimmt.
www.gourmetundwein.de

Weinmarkt der Ahr

In Bad Neuenahr-Ahrweiler stehen jedes Jahr am Pfingstwochenende Sekte, Weine und Brände von Weingütern und Winzergenossenschaften aus dem Weinanbaugebiet Ahr im Mittelpunkt.

Über 200 Weine aus den Weinlagen von Altenahr bis Heppingen stehen im Ausschank. Der Weinmarkt ist seit Jahren ein fester Bestandteil an der Ahr. Das Wein-Event überzeugt mit besonderem Flair, guter Musik und Unterhaltung in außergewöhnlicher Atmosphäre. Hier erleben Kenner und jene, die es werden möchten, das gesamte Spektrum der Ahrweine. Besonderer Höhepunkt des Weinmarktes ist die Krönung der neuen Ahrweinkönigin.
www.ahrwein.de

Frühburgunder-Forum

Der Blaue Frühburgunder von der Ahr wurde in die »Arche des Geschmacks« von Slow Food Deutschland und dem Convivium Bonn aufgenommen. Die Ahr-Winzer erhalten damit nicht nur eine für ihr Flusstal identitätsstiftende Rebsorte, sie sorgen auch dafür, dass die Vielfalt der Rebsorten gewahrt bleibt. Die Förderung des Frühburgunders ist damit ein weiterer Beitrag zur Biodiversität und gegen das Überhandnehmen einiger weniger Mode-Rebsorten. Durch die Aufnahme in die »Arche des Geschmacks« ist die Nachfrage gestiegen, der Frühburgunder-Bestand überschreitet inzwischen 35 ha und wird weiter angebaut. Seine Herkunft verdankt der Frühburgunder einer Mutation aus des Blauen Spätburgunders. Er stammt also aus der Familie der echten Burgundersorten (Pinot). Im März 2007 wurde mit Beteiligung von 16 Weingütern und Winzergenossenschaften das erste Frühburgunder-Forum mit großem Erfolg durchgeführt. Neben der Teilnahme an wissenschaftlichen und geschichtlichen Foren kann der interessierte Besucher mehr als 40 verschiedene Frühburgunder des Ahrtals verkosten. Das Frühburgunder-Forum findet alle zwei Jahre statt.
www.ahrwein.de, www.ahr-fruehburgunder.de

Absolut Wein

Die Weinparty der Extraklasse in spektakulärem Ambiente, bei der Genuss und Lebensfreude im Mittelpunkt stehen. Organisiert wird dieses besondere Event von den Jungwinzerinnen und Jungwinzern des Weingutes Meyer-Näkel aus Dernau und der Winzergenossenschaft Mayschoß-Altenahr. Neben stilvoller Live-Musik und einer beeindruckenden Weinauswahl erwarten Sie zahlreiche kulinarische Köstlichkeiten in entspannter Atmosphäre. Das Highlight des Abends ist eine futuristisch illuminierte

Klosterruine mit Bar-/Loungebereich und großer Tanzfläche, auf der bis in die frühen Morgenstunden gefeiert werden darf.
www.absolut-wein.eu

SchlAHRvino

Der Name SchlAHRvino steht zum einen für die Jungwinzervereinigung der Ahr und zum anderen für ein Jungwinzerevent der besonderen Art. Von den jungen Winzern wird jedes Jahr ein gemeinsamer SchlAHRvino-Wein kreiert, der die gesamte Vielfalt des Anbaugebietes von Heppingen bis Altenahr widerspiegelt. Präsentiert wird die mit Leidenschaft trocken ausgebaute Spätburgundercuvée auf dem Jungwinzerevent »SchlAHRvino«. Das Wein-Event verspricht Weingenuss auf höchstem Niveau in unbeschwerter Atmosphäre.
www.schlahrvino.de

Gesprächskreis Ahrwein

Der 2009 gegründete »Gesprächskreis Ahrwein« hat sich zum Ziel gesetzt, fundierte Informationen für Weinfreunde über den Ahrwein und seine Herstellung sowie seine Wirkungen auf Gesundheit und Wohlbefinden zu liefern. Renommierte Fachleute referieren dazu an verschiedenen Orten mehrmals im Jahr. Die Veranstaltungen sind jeweils dreigeteilt. Im ersten Teil wird das jeweilige Leitthema behandelt, im zweiten vermitteln Winzer und Kellermeister Aktuelles aus Weinberg und Keller und zum Schluss darf diskutiert werden. Der Eintritt ist frei.
www.ahrwein.de/de/events/gespraechskreis-ahrwein/

Jahrgangspräsentationen

Viele Winzer und Genossenschaften veranstalten Jahrgangspräsentationen oder Hoffeste, auf denen sie ihre Kollektionen vorstellen. Informationen darüber gibt es auf den jeweiligen Homepages.

Tourenvorschläge

Die Touren für alle Ahr-Reisenden mit wenig, etwas, oder aber etwas mehr Zeit konzentrieren sich nicht auf Burgen, Kirchen oder andere Sehenswürdigkeiten, sondern einzig auf den Ahrwein und sind kürz- und erweiterbar – also problemlos abzuändern nach eigenem Gusto.

Ein-Tages-Tour

Wenn Sie nur einen Tag Zeit haben, sollten Sie die folgenden vier Spitzenbetriebe besuchen. Eine Probe beim Weingut Meyer-Näkel, wo die Revolution des Ahrweins begann, ist natürlich Pflicht. Die französischsten und gerbstoffreichsten aller Ahrweine werden Sie beim Weingut Jean Stodden verkosten können. Neben herausragenden Spätburgundern bieten die beiden weiteren Güter der Ein-Tages-Tour für das Ahrtal ungewöhnliche Weinspezialitäten. Das Weingut Kreuzberg hat unter anderem die internationale Starrebsorte Cabernet Sauvignon an der Ahr salonfähig gemacht. Zudem finden Sie hier hervorragende Brände. Zum Abschluss kehren Sie im Deutzerhof ein, dem Sieger im »Vinologischen Fünfkampf«. Hier erwarten Sie Dornfelder, Portugieser, und Roséweine, wie sie in dieser Qualität kaum woanders an der Ahr zu finden sind. Zum Abschluss sollten Sie unbedingt den trinkbaren(!) Rotweinessig verkosten und einen Blick auf die Natur-Kunst im Mayschoßer Mönchberg werfen (siehe Kasten S. 210).

Das Ahrpanorama lädt ein zur Reise.

9.30 Uhr	Weingut Kreuzberg, Dernau
11.00 Uhr	Weingut Meyer-Näkel, Dernau

Mittagessen im Hofgarten – Gutsschänke Meyer-Näkel, Dernau

14.00 Uhr	Weingut Jean Stodden, Rech
15.30 Uhr	Weingut Deutzerhof, Mayschoß

Abendessen (Restauranttipps siehe S. 188)

Zwei-Tages-Tour

Eine Zwei-Tages-Tour erlaubt es Ihnen, tiefer in die Weinwelt der Ahr einzutauchen, indem Sie sich der Landschaft so nähern, wie es sich für Ahr-Reisende gehört: zu Fuß auf dem Rotweinwanderweg. Durch einen Besuch im Weinmuseum (in Bachem oder

Tipps

Rufen Sie bei allen Weingütern und Restaurants, wenn möglich, mehrere Wochen im Voraus wegen der Terminierung an. Bei einigen Gütern ist der Besuch nur nach Voranmeldung möglich. Machen Sie Ihre Restaurantauswahl für das Abendessen immer von der Entfernung zu Ihrem Hotel abhängig – gerade bei einer Weinreise sollte man sich abends die Zeit nehmen, den Wein zu genießen, anstatt ihn wie tagsüber nur zu verkosten.

in Mayschoß) können Sie einen Blick zurück in die Historie der Ahr werfen. Bei der Maibachfarm, dem führenden ökologischen Betrieb der Region, können Sie neben Weinen auch allerlei andere Köstlichkeiten erwerben, und im Weingut Kloster Marienthal haben sie nicht nur die Möglichkeit, die Weine dieses Betriebes zu verkosten, sondern auch einige Tropfen der größten Genossenschaft des Tales (Dagernova), der ältesten bestehenden der Welt (Mayschoß-Altenahr) und des Weingutes Brogsitter.

Tag 1

9.30 Uhr	Weingut Kreuzberg, Dernau
11.00 Uhr	Weingut Meyer-Näkel, Dernau

Mittagessen im Hofgarten – Gutsschänke Meyer-Näkel, Dernau

14.00 Uhr	Mittwochs (oder nach Vereinbarung): Weinbaumuseum Bachem An jedem anderen Wochentag: Mittelahr-Museum in der Winzergenossenschaft Mayschoß-Altenahr, Mayschoß
15.30 Uhr	Weingut Maibachfarm

Abendessen und Übernachtung in Bad Neuenahr (Restauranttipps siehe S. 188)

Tag 2

9.00 Uhr	Rotweinwanderweg von Rech bis Mayschoß (drei Kilometer) oder: Rotweinwanderweg von Dernau bis Mayschoß (sieben Kilometer)

Je nachdem, wie viel Sie am Morgen laufen können oder wollen. Sie lassen Ihr Auto am Bahnhof Ihres Startortes stehen. Nach dem Mittagessen fahren Sie mit der regelmäßig verkehrenden Ahrtalbahn wieder zurück und holen es ab. (www.ahrtalbahn.de)

Mittagessen im Restaurant »Bahnsteig 1«, Mayschoß

14.00 Uhr	Weingut Deutzerhof, Mayschoß
15.30 Uhr	Weingut Jean Stodden, Rech
17.00 Uhr	Weingut Kloster Marienthal, Marienthal

Ausklang des Tages mit kleiner **Vesper** im Gutsausschank des Weingutes Kloster Marienthal

Wandern und Weingenuss gehören an der Ahr zusammen.

Drei-Tages-Tour

In einer Drei-Tages-Tour können Sie das Weinbaugebiet nahezu umfassend kennenlernen – oder zumindest umfassend hineinschnuppern. Auf dieser Kurzreise erleben Sie die Ahr auch auf die ungewöhnlichste Art: aus der Luft. Zudem schaffen Sie es in drei Tagen, Weine von fast jedem Spitzenweingut der Region zu verkosten. Beim Weingut Adeneuer werden Sie einen Wein von Deutschlands kleinster Einzellage (vielleicht sogar der kleinsten Einzellage überhaupt), der Walporzheimer Gärkammer, verkosten können. Das Weingut Nelles ist das östlichste Spitzenweingut der Ahr, das Weingut Sermann-Kreuzberg das westlichste.

Tag 1

9.30 Uhr	Weingut Nelles, Heimersheim
11.00 Uhr	Weingut Meyer-Näkel, Dernau

Mittagessen im Hofgarten – Gutsschänke Meyer-Näkel, Dernau

14.00 Uhr	Weingut Kreuzberg, Dernau
15.30 Uhr	Mittwochs: Weinbaumuseum Bachem
	An jedem anderen Wochentag: Mittelahr-Museum in der Winzergenossenschaft Mayschoß-Altenahr, Mayschoß

Abendessen und Übernachtung in Bad Neuenahr (Restauranttipps siehe S. 188)

Tag 2

9.00 Uhr Rotweinwanderweg von Rech bis Mayschoß
      (drei Kilometer)
      oder:
      Rotweinwanderweg von Dernau bis Mayschoß
      (sieben Kilometer)

Je nachdem, wie viel Sie am Morgen laufen können oder wollen. Sie lassen Ihr Auto am Bahnhof Ihres Startortes stehen. Nach dem Mittagessen fahren Sie mit der regelmäßig verkehrenden Ahrtalbahn wieder zurück und holen es ab. (www.ahrtalbahn.de)

Mittagessen im Restaurant »Bahnsteig 1«, Mayschoß

14.00 Uhr Weingut Deutzerhof, Mayschoß
15.30 Uhr Weingut Jean Stodden, Rech
17.00 Uhr Weingut Kloster Marienthal, Marienthal

Ausklang des Tages mit kleiner **Vesper** im Gutsausschank des Weingutes Kloster Marienthal

Tag 3

9.30 Uhr Weingut Adeneuer, Ahrweiler
11.00 Uhr Weingut Maibachfarm, Bad Neuenahr-Ahrweiler

Mittagessen in Bad Neuenahr (z.B. im Restaurant »Hohenzollern« oder im Gasthaus »Sanct Peter« – Restauranttipps siehe Seite 188)

14.00 Uhr Auf dem Parkplatz am Niedertor den Wagen
      abstellen. Spaziergang durch das mittelalterliche
      Ahrweiler.
15.30 Uhr Weingut Sermann-Kreuzberg, Altenahr
16.30 Uhr Seilbahn, Altenahr (direkt neben dem Weingut
      Sermann-Kreuzberg; siehe S. 162)

Festliches **Abendessen** in einem der Spitzenrestaurants der Region (Restauranttipps siehe S. 188)

Ausflugstipps für Weinfreunde

Weißer Turm

Altenbaustr. 5
53474 Bad Neuenahr-Ahrweiler (Ortsteil Ahrweiler)
Tel. 02641/87-196

Im Zentrum von Ahrweiler befindet sich der einzige noch erhaltene mittelalterliche Wohnturm der Stadt. Dieser sogenannte »Weiße Turm« erhielt im 18. Jahrhundert einen Kapellenanbau und seine markante Turmhaube. Von 1907 bis 2013 diente das Gebäude in unterschiedlicher Form als städtisches Museum. Seit 2014 befinden sich dort eine Malschule und eine Ausstellung mit historischen und künstlerischen Zeugnissen zum Stadtteil Ahrweiler. In diesen Ausstellungsräumen sind nun auch standesamtliche Trauungen möglich.

Öffnungszeiten: März bis Dez.: Mi – So 10 – 17 Uhr

Ahrweinbau aus der Vogelperspektive

Weinbaumuseum Bachem »Im Backes«

Königstr. 23

53474 Bad Neuenahr-Ahrweiler (Ortsteil Bachem)

Tel. 02641/34865

www.weindorf-bachem.de

In einem ehemaligen Backhaus aus dem Jahre 1650 liegt das Bachemer Weinbaumuseum. Dort finden sich unter anderem ein Leiterwagen namens »Damenschoner« und Exponate, die als »Puddelschläp« und »Jrondbottem« firmieren. Eine ganze Anzahl von Gerätschaften rund um Wein- und Ackerbau ist in dem urigen Gebäude versammelt. Sie alle machen deutlich, wie schwer die körperliche Arbeit in den Ahrtaler Hängen und der Landwirtschaft früher gewesen sein muss.

Öffnungszeiten: Mai bis Okt.: Mi 15 – 17 Uhr, So 10 – 12 Uhr

AhrWeinForum

Walporzheimerstr. 19

53474 Bad Neuenahr-Ahrweiler (Ortsteil Ahrweiler)

Tel. 02641/87-196 (Stadtverwaltung)

Tel. 02641/917176 (Ahrtal-Tourismus)

www.ahrweiler-winzerverein.de/Weinprobe/AhrWeinforum/ahr-weinforum.html

In den Räumlichkeiten des Ahrweiler Winzervereins ist das »Ahr-WeinForum« untergebracht. Es bietet eine kulturhistorische Ausstellung zum Weinbau an der Ahr. Besonderes Augenmerk wird auf das 19. Jahrhundert mit seinen Veränderungen hinsichtlich des Weintourismus und der Gründung der Genossenschaften gelegt.

Öffnungszeiten: Das AhrWeinForum ist das ganze Jahr über nach Anmeldung und mit Führung oder im Rahmen von Veranstaltungen zu besichtigen.

Mittelahr-Weinmuseum

Ahrrotweinstr. 42

53508 Mayschoß

Tel. 02643/93600

www.winzergenossenschaft-Mayschoß.de

Im Jahr 2000 wurde im Gewölbekeller der Winzergenossenschaft Mayschoß-Altenahr das Mittelahr-Museum auf knapp 200 Quadratmetern eröffnet. Es werden rund 400 Exponate aus den letzten 100 Jahren präsentiert. Das Museum zeigt dabei den Weg von der Traube bis zur fertigen Flasche Wein.

Öffnungszeiten: Mo – Fr 8 – 18 Uhr; Sa, So, Feiertag 9 – 18.30 Uhr

Kunst im Weinberg

Einen guten Blick hat man vom Weingut Deutzerhof. Der Rotweinwanderweg führt im Mayschoßer Mönchberg mitten durch das Kunstwerk.

Vor einigen Jahren pflanzte der Mayschoßer Künstler und Weinbauer Rainer Hess ein Kunstwerk im Mayschoßer Mönchberg. In

Ahr-Rotweinwanderweg

Der 35 Kilometer lange Wanderweg ist eines der beliebtesten Touristenziele des Tals. 1972 eingeweiht, führt er von Bad Bodendorf bis Altenahr in elf Etappen, die zum Teil mitten durch die Weinbergtrassen verlaufen. In der Hauptsaison von August bis Oktober knubbelt es sich manchmal auf der Strecke, vor allem an den Wochenenden. Außerhalb dieser Zeit kann man auch große Abschnit-

Das Emblem des Wanderwegs

te für sich allein erwandern. Wunderschöne Ausblicke in das wildromantische Ahrtal und die Möglichkeit, den Winzern bei der Arbeit zuzuschauen, entlohnen für müde Beine. Trotz weitgehend guter Beschilderung – eine rote Traube weist den Weg – macht eine Wanderkarte Sinn. Die mindestens stündlich, zu Stoßzeiten auch häufiger verkehrende Ahrtalbahn macht Wanderern den Rückweg leicht. Die Gesamtfahrzeit von Bad Bodendorf bis Altenahr beträgt dreißig Minuten, die Bahn hält in Altenahr, Mayschoß, Rech, Dernau, Walporzheim, Ahrweiler Markt/Zentrum, Ahrweiler, Bad Neuenahr, Heimersheim und Bad Bodendorf.

Im Weinberg fließt der Fluss der Reben.

drei seiner Parzellen setzte er in schlängelnder Linie die Rebsorte Dakapo, welche dunkelrote Blätter aufweist, zwischen alte Rieslingrebstöcke mit gelb-grünen Blättern. Sein »Fluss des roten Rebensaftes« symbolisiert die Ahr und ihren Wein. Wirtschaftlich gesehen rechnet sich die Aktion wegen der mehrfach nötigen Lesegänge nicht wirklich, aber das Kunstwerk ist ein echter Hingucker – zum Beispiel vom Weingut Deutzerhof aus.

Öffnungszeiten: von Sonnenauf- bis Sonnenuntergang – wenn die Stöcke Blätter tragen

Die 11 Etappen des Rotweinwanderwegs

Altenahr – Mayschoß	4,0 km
Mayschoß – Rech	3,0 km
Rech – Dernau	4,0 km
Dernau – Marienthal	4,0 km
Marienthal – Walporzheim	3,1 km
Walporzheim – Ahrweiler	3,4 km
Ahrweiler – Bad Neuenahr	6,7 km
Bad Neuenahr – Heppingen	2,3 km
Heppingen – Heimersheim	1,1 km
Heimersheim – Lohrsdorf	1,4 km
Lohrsdorf – Bad Bodendorf	2,0 km

Die Autoren

Carsten Henn, geboren 1973 in Köln, schreibt für diverse nationale und internationale Weinfachmagazine, verfasst Sachbücher zum Thema und sitzt in den Jurys wichtiger Weinpreise. Seine regelmäßigen Reisen zu den wichtigsten Weinregionen der Welt führten ihn auch nach Australien, wo er ein Semester an der Adelaider Weinbauschule studierte, mit Freunden bewirtschaftet er eine Riesling-Steilstlage an der Mosel und keltert von dieser Wein.

Wein und Literatur vereint Carsten Henn in seinen erfolgreichen kulinarischen Weinkrimis, die über die Grenzen Deutschlands hinaus bekannt sind. Carsten Henn ist Mitglied der »Fédération Internationale des Journalistes et Ecrivains des Vins et Spiriteux« (FIJEV). Weitere Informationen unter www.carstensebastianhenn.de

Alexander Kohnen lebt seit über 20 Jahren im Ahrtal, er verkostet und bewertet weltweit Weine und gilt in Deutschland als der »Sommelier-Ausbilder«. Kohnen ist Weinexperte einer überregionalen Tageszeitung und schreibt regelmäßig Kolumnen für Print- und Online-Medien.

Quellen

Ambrosi, Hans und Bernhard Breuer: Die Ahr, Stuttgart 1978

Ambrosi, Hans und Kerry Brady Stewart: Wein-Reiseführer Deutschland, Herford 1991

Böll, Karl-Peter: Die Entwicklung der Ahr zum Rotweinanbaugebiet.
In: Gesellschaft für Geschichte des Weines (Hrsg.): Schriften zur Weingeschichte,
Nr. 67, Wiesbaden 1983

Joel Payne: GaultMillau WeinGuide Deutschland, München

Drecksträter, Willi: Köstliches aus der alten rheinländischen Küche, Köln 2003

Eichelmann, Gerhard: Eichelmann – Deutschlands Weine, Heidelberg

Gast, Rolf: Die neuen Weine Deutschlands – Edition Ahr
(Hörbuchreportage), Tegernsee 2005

Henn, Carsten: Henns Weinführer Mittelrhein, Köln 2005

Henn, Carsten: Wein – Ein Schnellkurs in 10 Gläsern, Königswinter 2003

Herborn, Wolfgang: Der Weinbau an der Ahr im frühen und hohen Mittelalter –
Das Werden einer Weinlandschaft, Wiesbaden 2004

Johnson, Hugh: Atlas der deutschen Weine, Bern 1990

Kinkel, Gottfried: Die Ahr – Eine romantische Wanderung vom Rheintal in
die hohe Eifel, Köln 1999

Klein, Hans-Georg: Sagen und Legenden von der Bunten Kuh bis zur Landskron,
Bad Neuenahr-Ahrweiler 1993

Klein, Hans-Georg: Sagen und Legenden von der Ahr bis zur Mosel, Aachen 1996

Kleist, Peter: Schlüssel zum Ahrwein – Über den Weinlehrling zum
Weinliebhaber, Altenahr 1997

Knoll, Rudolf: Rotwein – Eine neue Karriere in Deutschland und
Österreich, Mainz 1997

Lange, Sophie: Alt-Eifler Küche, Band 1, Aachen 2002

Lexikonredaktion des Verlags F.A. Brockhaus: Brockhaus Wein, Mannheim 2005

Otzen, Barbara und Hans: Die Ahr – Weinlandschaft zwischen Eifel
und Rhein, Bonn 2004

Pigott, Stuart: Die führenden Winzer und Spitzenweine Deutschlands,
Düsseldorf 1997

Pracht, Hans-Peter: Entlang der Ahr – Von Blankenheim bis Sinzig, Köln 2005

Rausch, Jakob: Die Geschichte des Weinbaus an der Ahr, Wiesbaden 1963

Robinson, Jancis: Das Oxford Weinlexikon, Bern 1995

Schewe, Dieter: Königs- und Klosterweine der Rhein/Ahr Region –
Weingeschichte 643-1257, Sinzig 2005

Tourismus & Service GmbH Ahr Rhein Eifel: Erlebnis Ahrwein –
Rund um die Rebe, Bad Neuenahr-Ahrweiler
VDP – Die Prädikatsweinweingüter: Große Gewächse, Gau-Algesheim 2004

www.ahrwein.de

www.wohlsein365.de

Mit besonderem Dank an Susanne Brüning-Schmitz, Heike Wernz-Kaiser, Martina und Randolf Kauer, Ralph Thomas, Peter Gebler, Gerd Henn, Gerd Weigl, Paul Gieler, die Deutsche Wein- und Sommelierschule Koblenz und das Team des Ahrtal Tourismus & Service GmbH.

Wichtige Adressen

Ahrtal Tourismus Bad Neuenahr-Ahrweiler e. V.
Hauptstr. 114
53475 Bad Neuenahr-Ahrweiler
Tel. 02641/9171-0
info@ahrtaltourismus.de
www.ahrtaltourismus.de

Bildnachweis

Ahr Rhein Eifel Tourismus: S. 6, 13, 15, 102, 207, 209; Ahrweiler Winzerverein: S. 42, 43, 65, 120/121, 124, 125, 179, 180, hintere Umschlagseite, l.; Ahrwein des Jahres: 110/111, 113, 115, 117; Brogsitter Weingüter: S. 98, 131, 132, 189; Fotolia, E. Schittenhelm: 63, Fotolia, Udo Kruse 75, Fotolia, 78; Susanne Brüning-Schmitz: S. 10, 62; Jean-Marie Dumaine: S. 190, 193 u. u.; Carsten Henn: S. 21, 177; DWI/ Dieth: S. 22 o., 22 u., 25 o., 26 o; DWI: S. 17, 25 u., 26 u., 27, 28, 39, 44/45, 60, 65, 68, 123, 130; Reiner Hess: S. 208; Museum der Stadt Bad Neuenahr-Ahrweiler: S. 48, 51, 53, 54, 58; Bernd Schreiner: S: 12, 18/19, 20, 66/67, 70/71, 72, 73, , 77, 81, 89, 101, 105, 106, 107, 109, 128, 140, hintere Umschlagseite, r.; Hans Stefan Steinheuer: S. 193 o.; Weingut J.J. Adeneuer: S. 122, 126, 127; Weingut Bertram: S. 129; Weingut Burggarten: 133, 134, 171, 194; Weingut Deutzerhof: S. 46, 57; Weingut Deutzerhof/ Armin Faber: S. 137; Weingut Kloster Marienthal: S. 141; Weingut H.J. Kreuzberg: S. 6, 29, 30, 86, 142, 146, 175; Weingut Peter Kriechel: S. 22, 24, 82/83, 96/97, 143; Weingut Peter Kriechel/Rüdiger Polster: S. 146; Weingut Peter Lingen:S. 148, Weingut Maibachfarm: S. 149; Weingut Meyer-Näkel: 170; Weingut Meyer-Näkel/ Bernd Schreiner: S. 118; Weingut Nelles: S. 8/9, 21, 33, 155; Weingut Erwin Riske: S. 156, 157; Weingut Reinhold Riske: S. 31, 32, 158, 159; Weingut Römergewölbe: S. 160, 161; Weingut Sermann-Kreuzberg: S. 162; Weingut Sonnenberg: S. 165; Weingut Jean Stodden: S. 34, S. 119, S. 166, 167, 205; Weinmanufaktur Dagernova: S. 5; Jörg Weusthoff: S. 2, 5, 172, 211; Winzergenossenschaft Mayschoß-Altenahr: S. 116; Winzergenossenschaft Walporzheim: S. 168, 169

Der Emons Verlag dankt allen, die Bildmaterial für den Ahrweinführer zur Verfügung gestellt haben. Leider war es nicht in allen Fällen möglich, die Urheber zu ermitteln. Bei entsprechendem Nachweis wird der Verlag die Nutzung honorieren.

Die aktuellen Ergebnisse des
»Ahrwein des Jahres« können
Sie mittels dieses QR-Codes
hier nachverfolgen.
www.ahrweindesjahres.de

Carsten Sebastian Henn im Emons Verlag

Carsten Sebastian Henn
In Vino Veritas
Broschur, 208 Seiten
ISBN 978-3-89705-240-6

»Die sprachlichen Finessen, der zügige Erzählstrom, der intelligente und raffinierte Handlungsaufbau lassen das Buch zu einem Kulturgenuss werden.«
Selection
»Ein literarischer und lukullischer Genuss.«
WAZ

Carsten Sebastian Henn
Vino Diavolo
Broschur, 272 Seiten
ISBN 978-3-89705-583-4

»Carsten Sebastian Henns Spezialität sind Krimis mit einer besonderen kulinarischen Note.«
WDR 5 über Vino Diavolo

Carsten Sebastian Henn
Ave Vinum
Klappenbroschur, 224 Seiten
ISBN 978-3-95451-266-9

Erscheint im Mai 2014

Jürgen von der Lippe liest
In Vino Veritas
Ein kulinarischer Kriminalroman
von Carsten Sebastian Henn
Hörbuch, 3 CDs
ISBN 3-89705-425-6

»Akustische Meisterleistung, die Jürgen von der Lippe bietet. Alles in allem das perfekte Menü, dieser köstliche kulinarische Krimi, dargeboten von einem der besten und versiertesten Entertainer Deutschlands, der viel Appetit auf die Vertonung der beiden Folgebände macht!«

www.krimi-forum.de

»Einer gelungenen Geschichte setzt Jürgen von der Lippe die Krone auf.« Kölnische Rundschau

Carsten Sebastian Henn
**111 deutsche Weine,
die man getrunken haben muss**
Broschur, 272 Seiten
ISBN 978-3-89705-849-1

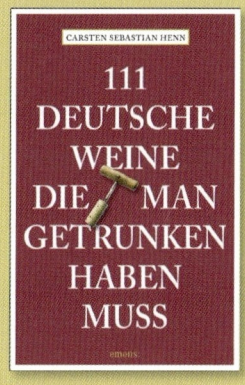

»Carsten Henn zählt zu den führenden Weinexperten in unserem Land, und er hat erstaunliches zusammengetragen: Seltene, verrückte, mutige, knallhart ökologische Weine oder Preis-Genuss-Champions.«
Top Saarland

Carsten Sebastian Henn
Weinwissen für Angeber
Broschur, 176 Seiten
ISBN 978-3-95451-213-3

»Äußerst witzig und anregend«
Rheinische Post

»Ein unverzichtbares Basiswerk für jeden, der Spaß am Wein hat«
Alles über Wein